AF563418

LA FLECHA ENVENENADA

DON MIGUEL RUIZ JR.

LA FLECHA ENVENENADA

UNA GUÍA TOLTECA PARA SUPERAR EL MIEDO

Traducción de María Celina Rojas

Urano

Argentina – Chile – Colombia – España
Estados Unidos – México – Perú – Uruguay

Título original: *The Poisoned Arrow: A Toltec Guide to Overcoming Fear*
Editor original: Hierophant Publishing
Traducción: María Celina Rojas

1.ª edición: febrero 2026

López de Hoyos, 92, Planta Baja Derecha – 28002 Madrid
www.edicionesurano.com

ISBN: 979-13-87662-27-1
E-ISBN: 979-13-87899-54-7
Depósito legal: M-26.875-2025

Fotocomposición: Urano World Spain, S.A.U.

Impreso por: Rotativas de Estella – Polígono Industrial San Miguel
Parcelas E7-E8 – 31132 Villatuerta (Navarra)

Impreso en España – *Printed in Spain*

A todos los que amo.

Si practicas la tradición tolteca del mismo modo en que tu padre y yo la practicamos, entonces estarías matando la tradición. No temas practicarla a tu manera, ya que se trata de tu propio camino.

Madre Sarita

Índice

Introducción

Imagina a un hombre que va caminando por un pueblo y de pronto lo alcanza una flecha envenenada. Varios de sus amigos acuden a su lado, y uno de ellos corre a avisar al médico del pueblo, que llega con rapidez para retirar la flecha y aplicarle un antídoto.

—¡Espera! —ordena el herido—. Antes de que la retires necesito saber: ¿quién me disparó? ¿De dónde viene? ¿Por qué lo hizo? ¿Era un arco largo o uno corto? —El médico y los amigos se miran entre sí, desconcertados, ya que es evidente que el hombre morirá a causa de la herida antes de recibir las respuestas a sus preguntas.

Esta hermosa parábola budista nos enseña varias lecciones. En primer lugar, reconoce que todos, en algún momento de nuestras vidas, saldremos heridos; porque ninguno puede alcanzar la adultez sin sufrir al menos una herida emocional considerable que le afecte profundamente. En segundo lugar, nos muestra que muchos preferimos obsesionarnos con nuestras heridas y pasar horas, semanas e incluso décadas intentando descubrir las causas de nuestro dolor. De acuerdo con las enseñanzas budistas, demasiada especulación abstracta puede ser peligrosa y llegar a distraernos de las tareas prácticas que conducen a la sanación. Aunque las respuestas intelectuales parezcan brindarnos una sensación de control, en última instancia lo más importante es simplemente retirar la flecha.

Si bien estoy de acuerdo con las enseñanzas que el budismo nos presenta aquí, incluida la importancia de extraer con rapidez la flecha, también creo que, si bien la punta del arma puede dejar una herida dolorosa, es el veneno que disemina lo que constituye el mayor peligro para nuestro bienestar. Ese veneno es el *miedo*. A la larga, puede infiltrarse en nuestras esperanzas, sueños y personalidades, y convertirse en el factor determinante de nuestras vidas hasta que, por supuesto, descubramos el antídoto.

El veneno

Los seres humanos están expuestos a dos clases de miedo. El primero es físico: la repentina sensación de alerta que sientes cuando ves a un ciervo cruzar por la carretera de noche o a un oso que busca comida a tan solo unos metros de ti. Este tipo de temor puede ser natural y útil: genera adrenalina, lo que acelera la frecuencia cardíaca, aumenta el consumo de oxígeno y proporciona el impulso temporal de energía y concentración que se necesita para luchar contra el oso o correr por tu vida. En términos evolutivos, el miedo físico es *adaptativo*; una característica que aumenta la probabilidad de que sobrevivas y prosperes en tu entorno. Aunque la sensación del miedo físico puede ser desagradable, sin duda nos ayuda en situaciones de supervivencia reales.

Este miedo está asociado con la respuesta de lucha, huida y parálisis de nuestro organismo, que está arraigada en nosotros para asegurar nuestra supervivencia. Durante la mayor parte de la historia humana, esta fue la forma dominante de miedo que experimentaban las personas. Lejos de representar un impedimento, la capacidad de sentir miedo físico permitió que nuestra especie sobreviviera y evolucionara durante cientos de miles de años.

A menudo pienso en lo agradable que sería sentir *únicamente* miedo físico, que pudiéramos vivir nuestros días en una completa calma y seguridad, excepto en esos inusuales momentos en que es necesario responder a una inesperada amenaza del entorno próximo. En nuestro mundo, más o menos seguro y cómodo, se puede vivir largo tiempo sin sentir ninguna clase de miedo.

Sin embargo, para bien o para mal, los humanos también somos propensos a sentir otra clase de temor: el miedo psicológico. Este abarca una variedad de emociones, como la ansiedad social, los sentimientos de insuficiencia y las preocupaciones por la escasez, que no se relacionan en absoluto con nuestra supervivencia. Tememos no agradar a los demás, fallar en cumplir una meta que valoramos o descubrir que una decisión que tomamos en el pasado posee el control de nuestro futuro; nos inquieta que nuestra felicidad futura esté en peligro, perder algo o a alguien que estimamos o que algo en nosotros sea incorrecto, defectuoso, inferior o que no merezca amor.

El miedo psicológico es tan prevalente en la actualidad que muchas personas viven en un estado casi perpetuo de temor sin siquiera ser conscientes de ello. Algunos lo negarán; sin embargo, si prestas atención, descubrirás que el miedo se encuentra allí, acechando justo debajo de la superficie y controlando acciones y reacciones. Muchos temen no lograr el éxito financiero, no sentir satisfacción ni alegría en sus relaciones o no alcanzar la perfección en su apariencia física. Si bien se convencen a ellos mismos de que son libres, sus acciones cuentan una historia diferente, y esto incluye aquellas instancias en las que la mente justifica sus acciones como «Esto es lo que realmente deseo», en lugar de «Hago esto porque tengo miedo».

Desde esta perspectiva, podemos identificar que el miedo psicológico es un hilo corrosivo que atraviesa numerosos aspectos de nuestras vidas. Por desgracia, las respuestas físicas al miedo psicológico en comparación con las respuestas al miedo físico suelen ser muy similares: el corazón se acelera, las palmas de las manos sudan y aparece un nudo en el estómago. Nuestros cuerpos toleran una cantidad tan excesiva de estrés físico que, a lo largo de toda una vida, esto puede tener consecuencias dañinas. A pesar de que contamos con más recursos de los que nuestros ancestros podrían haber soñado, y tenemos acceso a medicinas y tecnologías modernas que nos mantienen, en términos físicos, más seguros que a cualquier generación anterior, pasamos nuestros días en un estado de estrés elevado y constante.

Si no lo controlamos, el miedo psicológico puede conducirnos a establecer acuerdos rígidos sobre en quiénes confiar, qué camino recorrer y cómo vivir. Llega a nublar nuestro juicio, a hacer que sobreestimemos los peligros que enfrentamos y subestimemos nuestra propia capacidad para lidiar con ellos. Y así acaba limitando nuestras posibilidades en la vida, como cuando nos alejamos de situaciones que percibimos como amenazantes, lo sean o no. También impacta en nuestras relaciones, cuando intentamos proteger a nuestros seres queridos y luego nos frustramos al ver que cuestionan nuestras decisiones o se rebelan contra esos supuestos peligros. Mucho tiempo después de haber extraído la flecha, el veneno del miedo psicológico permanece y nos convierte en los prisioneros de nuestras propias mentes.

Desde hace largo tiempo, las industrias del *marketing* y la publicidad se aprovechan del poder del miedo psicológico para su beneficio financiero. A través de mensajes y relatos aseguran que nos perderemos el placer, la conexión, la belleza y la comodidad si no compramos lo que sus clientes nos quieren vender. Numerosas empresas se enriquecen alimentando nuestro miedo al crimen, a la violencia o a la amenaza de un supuesto «otro» malvado. Compramos objetos para sentirnos más seguros, para sentir que tenemos más control. El hecho de que esa seguridad sea real o ficticia no importa, porque en ese momento hacer clic en el botón de «comprar» nos brinda una manera simple y accesible de aquietar el temor de que algo vaya a salir mal o nos hace creer que algo puede ser, de cierta manera, vagamente mejor. Al aprovechar nuestras reservas de miedo, los vendedores más astutos nos convencen de que nos arrepentiremos si *no* actuamos de inmediato, sin importar si esa acción nos resulta beneficiosa o no. Y para calmar la mente nos dejamos guiar por ellos.

En general, nuestra cultura nos incita continuamente a perseguir metas financieras, adquirir objetos que transmitan nuestro estatus o alcanzar una posición especial en la comunidad, y al mismo tiempo también nos administra una dosis masiva de estrés. Esto quizás nos motive a corto plazo, pero en última instancia termina consumiendo nuestros recursos internos.

Gran parte del daño que provoca todo el miedo presente en la cultura acostumbra a ser, por desgracia, autoinfligido y, en una escala íntima y pequeña está provocado por las personas que nos rodean. Muchos utilizamos el miedo como herramienta para conectar con los demás, como cuando nos sumamos a cotilleos dañinos y entramos en una complicidad en la que nos sentimos superiores a expensas de alguien más. Aunque en un principio esa clase de cotilleo quizás nos haga sentir cerca de los demás, inevitablemente nos conduce a desconfiar de ellos más tarde («¿Estarán hablando de mí ahora?»), y siempre crea una división en la comunidad. Hablaremos mucho en este libro sobre el poder de las palabras, y cómo tenemos la oportunidad de alimentar o aliviar el miedo una vez detectados los orígenes de estos numerosos mensajes que compiten por nuestra atención.

Es por todas estas razones por las que en la tradición tolteca de mi familia decimos que el miedo es un gran veneno que causa desde desacuerdos menores entre amigos y familias hasta conflictos mayores, como las guerras mundiales. No exagero si afirmo que el miedo psicológico es el origen de toda la codicia, la envida, el cotilleo, la ira y casi cualquier acción dañina que los humanos infligen contra sus pares y contra el planeta. El miedo no solo evita que experimentemos alegría y paz en nuestras vidas, sino que representa el mayor peligro a la supervivencia de la humanidad a largo plazo en este planeta. Y no lo digo a la ligera. Si prestas atención, verás que este temor se encuentra en el origen de cada guerra y amenaza de guerra; alimenta la avaricia que consume los recursos de nuestro planeta; evita que los más ricos ayuden a los más necesitados; y, a un nivel particular, es el mayor obstáculo para alcanzar la libertad personal, o lo que otras tradiciones espirituales suelen llamar «autorrealización».

A pesar de que los desafíos que afronta la humanidad son numerosos, la tradición tolteca nos enseña que para cambiar el mundo debemos estar dispuestos a mirar hacia nuestro interior y buscar el cambio. De hecho, no podemos cambiar a los demás. Eso es imposible. Porque yo soy el único que puede cambiar algo en mí, y tú eres el único que puede cambiar algo en ti. También reconocemos que, en el nivel más profundo, todos los seres humanos poseen sus propias respuestas, aunque en ocasiones necesitamos quien nos ayude a encontrarlas. Este libro, junto con todas las enseñanzas de la tradición de mi familia, intenta actuar como guía para ayudarte a redescubrir lo que ya sabes: que existe un antídoto para el veneno del miedo psicológico.

Si has leído cualquiera de mis otros libros o los de mi familia, sabes que mi obra se encuentra fundada en la cultura tolteca. Durante mi infancia estuve rodeado de ejemplos increíbles de esta sabiduría ancestral: tanto mi padre, don Miguel Ruiz, como mi abuela, Madre Sarita, una reconocida curandera o sanadora de fe, me inculcaron los preciados dones que las enseñanzas toltecas tienen para ofrecer. Para asegurarme de que estemos en la misma sintonía, y antes de seguir avanzando, explicaré un poco más sobre mis ancestros toltecas y algunos de los conceptos clave que retomaremos a lo largo de este libro.

Lo que los toltecas pueden enseñarnos

La civilización tolteca prosperó en la región que actualmente se encuentra en la zona sur del centro de México y alcanzó su auge entre mil y tres mil años atrás. Los toltecas eran reconocidos por su sociedad avanzada, que ponía un gran énfasis en la percepción humana en lo que respecta al desarrollo espiritual. Se consideraban a sí mismos artistas; de hecho, la palabra *tolteca* significa «artista» en la lengua náhuatl. Si bien crearon obras de arte, esculturas y piezas arquitectónicas maravillosas, incluidas las imponentes pirámides del Sol y la Luna de la actual Ciudad de México, el concepto tolteca de artista se extiende mucho más allá de estas formas tradicionales. En la cosmovisión tolteca, cada ser humano es un artista, y el arte que creamos representa la historia de nuestras vidas.

Una de las principales enseñanzas espirituales de los toltecas es que la mente humana sueña de manera constante. Todos experimentamos la vida a través del filtro de nuestra consciencia individual; como tal, la realidad que vemos en el mundo exterior refleja nuestras creencias personales. A esto lo llamamos el Sueño Personal. Tu Sueño Personal puede ser hermoso, feo, agradable o atemorizante de acuerdo con tus creencias, tus pensamientos y tus acuerdos conscientes e inconscientes.

La combinación de cada uno de los Sueños Personales constituye lo que denominamos el Sueño del Planeta, o el sueño colectivo que todos compartimos. El Sueño del Planeta es una combinación de todos nuestros Sueños Personales. Este sueño colectivo está moldeado por los acuerdos que realizamos a gran escala, como son identificar a algunas personas como «dueñas» de la tierra o de los recursos naturales; determinar que ciertos papeles constituyen una moneda valiosa; creer en un dios determinado o seguir una religión en particular. Si bien esos acuerdos pueden ser útiles para el funcionamiento de una sociedad, es importante recordar que las creencias que los sustentan no poseen una validación externa más allá de la mente.

Otro concepto fundamental de la espiritualidad tolteca es *nagual*, una palabra náhuatl que tiene dos significados: el primero es casi equivalente a la palabra moderna «chamán», o alguien que ocupa el rol de maestro espiritual en nuestra comunidad nativa. En ese sentido, yo soy un nagual, o chamán, en el linaje de mi familia. Estudié durante varios años junto a mi padre y abuela, quienes me otorgaron ese título una vez completado mi entrenamiento. Este significado de la palabra *nagual* es, en cierto modo, sencillo de comprender. El otro significado es más esotérico: como ser vivo, estoy repleto de nagual, y tú también lo estás. De acuerdo con esta segunda acepción, nagual se refiere a la fuerza vital que está presente en todos nosotros y que también es responsable de hacer que los ríos corran y las flores broten. En comparación con otras tradiciones espirituales, la palabra nagual se asemeja a términos como *chi*, *prana* y *wakan*. El nagual es la energía que da vida a todos los seres y se encuentra igualmente presente en todos ellos. Ya seas un ratón, un león, un rey o un campesino, llevas este preciado nagual en tu interior durante toda la vida. Como verás en este libro, aprender a reconocer y honrar el nagual en ti mismo y en todos los seres es crucial para superar los efectos venenosos del miedo.

El antídoto

En las siguientes páginas, compartiré varias técnicas toltecas para reconocer el miedo psicológico en sus numerosas formas, analizaré las ideas, creencias y experiencias pasadas que lo alimentan y reuniré el coraje del guerrero tolteca para liberarte de las creencias fundadas en el miedo que te mantienen atrapado en una prisión metafórica. Aprenderás a reescribir los acuerdos atemorizantes que has establecido contigo mismo y con la vida, te liberarás de las creencias inútiles que originan muchos de esos miedos y recurrirás a las prácticas toltecas para estar presente y adquirir consciencia en medio de la incomodidad y la inseguridad.

Mi esperanza es que, al finalizar este libro, no solo consideres el miedo psicológico como un veneno, sino también como un regalo. Cuando afirmo que este puede ser un regalo, algunas personas se sorprenden. Con ello me refiero a que el miedo puede enseñarnos en qué lugares debemos trabajar internamente en nuestra búsqueda de libertad personal. Este es el valor particular (y quizás el único) del miedo psicológico.

Como le gusta decir a mi padre, una cosa es leer una receta y otra cosa es preparar el plato. Este libro no es solo un conjunto de ideas filosóficas, sino un mapa que contiene ejercicios prácticos y meditaciones diseñadas para ayudarte a vivir en paz en un mundo que puede parecer atemorizante, impredecible y abrumador. Al realizar los ejercicios y las prácticas de autorreflexión de este libro, en lugar de solo leer sobre ellos, puedes forjar una nueva relación con el miedo que transformará tu vida por completo.

El miedo psicológico es un veneno que alimenta las creencias que nos privan de vivir en un estado de paz interna y de convertir nuestras vidas en las obras de arte que proyectaron mis ancestros toltecas. Cuestionar estas creencias y cambiar los comportamientos asociados a ellas a veces llega a resultar difícil y también emocionalmente doloroso; sin embargo, una vez que esa incomodidad se disipa, facilita la verdadera sanación.

A medida que comienzas a reconocer tus miedos psicológicos, esa consciencia en sí misma te brindará una sensación de calma, claridad, alegría y creatividad que no sabías que se encontraba allí. Las relaciones se volverán más genuinas y gratificantes mientras aprendes a conectar con los demás desde la autenticidad y no desde el miedo y la inseguridad. Incluso el mundo exterior, con sus numerosos peligros, parecerá cambiar, ya que, en última instancia, es un reflejo de tu Sueño Personal, uno que ya no se encuentra opacado por un miedo innecesario.

Más importante, a medida que el miedo psicológico deje de ejercer su poder sobre ti, comenzarás a reconocerte como el artista de tu propia vida. Tu vida pasará de ser una serie de reacciones dictadas por el miedo, arraigadas en tus creencias personales y suposiciones limitantes, y se convertirá en una obra de arte de tu propia creación. A medida que ahondemos en las enseñanzas y prácticas toltecas en los capítulos siguientes, recuerda que te estás embarcando en un camino sagrado: el camino para recuperar tu libertad personal y abrazar por completo tu papel como artista de tu vida.

CAPÍTULO 1

Un coro de voces

Las personas a menudo se sorprenden al enterarse de que mi padre y yo somos grandes fanáticos del fútbol americano. Cuando se imaginan a los autores de *Los cuatro acuerdos* y *La maestría del ser* vistiendo camisetas de la NFL, comiendo enormes *pretzels* y haciendo la ola, se escandalizan y decepcionan o se maravillan, según sus expectativas de lo que debería ser un autor espiritual. Algunas de ellas creen que no es posible que enseñemos espiritualidad «real» si disfrutamos de cosas tan mundanas. Sin embargo, quienes conocen bien a mi padre saben que él puede convertir *cualquier cosa* en una enseñanza espiritual, y los partidos de fútbol no son la excepción.

En una ocasión, nos encontrábamos en un partido cuando noté que mi padre no parecía estar mirando a los jugadores como de costumbre, sino que estaba sentado en su asiento observando y escuchando al estadio entero. Decidí prestar atención de la misma manera.

Después de algunos instantes, descubrí que cuando un equipo hacía una buena jugada, la mitad de las personas del estadio vitoreaba y la otra abucheaba. Y cuando el otro equipo hacía una buena jugada, las personas que antes vitoreaban pasaban a abuchear y, a su vez, quienes antes habían abucheado ahora vitoreaban. Se podía observar cómo las oleadas de emoción envolvían al estadio, ida y vuelta, ida y vuelta, como una corriente de viento soplando en un campo. Cuando mi padre se dio cuenta de lo que estaba haciendo, me ofreció una sonrisa cómplice.

—Bienvenido al *mitote* —me dijo.

En la tradición tolteca, enseñamos que la mente humana está repleta de miles de voces que claman por nuestra atención. A este conjunto de voces las llamamos «mitote». Algunas de las voces de nuestro mitote pertenecen a nuestros cuidadores originales y a aquellos que ayudaron a criarnos: nuestros padres o tutores, maestros, hermanos y familia extendida. A medida que vamos creciendo, agregamos las voces de nuestros amigos, vecinos, compañeros de clase, parejas románticas o colegas profesionales. Algunas de esas voces pertenecen a la cultura en general: publicidades, series de televisión, películas, periódicos, libros y revistas que consumimos durante nuestra vida. Con el tiempo, esas voces se arraigan en nuestras mentes; de hecho, pueden convertirse en una presencia tan constante y familiar que comenzamos a creer que forman parte de nosotros.

Para comprender realmente la intensidad del mitote, imagina un estadio repleto. Si alguna vez has asistido a un gran evento deportivo, sabes que el sonido de los estadios es increíble. Algunos de ellos tienen capacidad para cien mil aficionados. Imagina escuchar decenas de miles de voces al unísono, todas compitiendo por tu atención de manera ensordecedora. ¿Puedes sentir lo fuerte que suenan? ¿Puedes reconocer lo apabullante que se siente?

Ahora imagina que cada una de las personas de ese estadio está expresando una idea, creencia u opinión de las que tú has recibido a lo largo de tu vida. Cada persona te está diciendo lo que ella cree que deberías hacer o no hacer, qué deberías sentir o no sentir, qué deberías valorar o no valorar y, más importante, a qué deberías temer o no temer; y cada voz comunica esa idea, creencia u opinión a su manera: algunas de ellas gritan, otras susurran y algunas utilizan diversos elementos para aumentar el drama. En un estadio, podrían tener los rostros pintados, llevar camisetas o agitar pancartas. Si piensas en las voces que han captado tu atención a lo largo de tu vida, quizás descubras que las más dramáticas o memorables también han utilizado imágenes impactantes para conseguir tu interés.

Ahora piensa en el mundo moderno, en la «era de la información», donde las voces del mitote poseen más herramientas que nunca para infundir esas ideas. Las publicaciones regidas por los algoritmos de las redes sociales, los anuncios segmentados de acuerdo con tus búsquedas o lo que cliqueas en línea, así como las noticias optimizadas para obtener una atención máxima nos presentan una visión selectiva de lo que sucede en el mundo. Y todo eso llega a nuestras mentes modelando así lo que deseamos, lo que creemos y a lo que le tememos. El mundo moderno ha sobrecargado el mitote, y el resultado es que vivimos en un momento en el que el miedo, la soledad y la ansiedad se encuentran en su máximo histórico.

A medida que aprendamos a lidiar con el mitote, buscaremos comprender en primer lugar cómo se crearon las voces que lo integran.

Domesticación

En la tradición tolteca de mi familia, afirmamos que casi todos los seres humanos atraviesan un proceso llamado *domesticación*. Funciona de esta manera: desde el momento en el que nacemos, se nos enseña cómo comportarnos, en qué creer y cómo mirar el mundo, todo en un esfuerzo por integrarnos en la sociedad.

Muchas formas de domesticación son útiles y necesarias para mantenernos a salvo de peligros físicos. «No toques una estufa caliente» y «Mira a ambos lados antes de cruzar la calle» son ejemplos simples de formas necesarias de domesticación. Decir «por favor» y «gracias», aprender a compartir con los demás y decir la verdad son otras formas simples de domesticación que la mayoría aprendimos en la infancia, y esos conceptos crean los cimientos sobre los cuales funciona la sociedad.

Sin embargo, existen otras maneras de domesticación que no son tan útiles. Por ejemplo, tus padres podrían enseñarte, mediante palabras o siendo ellos modelos de esa conducta, que divorciarte es lo peor que te puede suceder, que no eres «exitoso» en la vida a menos que ganes una cierta cantidad de dinero, o que no ser físicamente perfecto te vuelve «inferior». Por lo tanto, si bien una estufa caliente puede ser peligrosa, los coches también lo son porque pueden atropellar niños, y compartir con los demás y decir la verdad en general son cosas útiles; en otros casos no está tan claro. Más allá de las domesticaciones útiles y necesarias, nuestros padres y cuidadores también pueden domesticarnos con sus propios miedos psicológicos al juicio, al fracaso, a la escasez y a la vergüenza.

Con el tiempo, estas domesticaciones negativas se convierten en las voces de nuestro mitote. Si obedecemos a esas voces sin cuestionarlas, seguimos viviendo nuestras vidas de acuerdo con los estándares establecidos por nuestros padres, maestros y otros domesticadores, sin importar si esos estándares son verdaderos para nosotros. Los toltecas denominan a este fenómeno «autodomesticación», ya que en este momento las creencias de los demás se convierten en nuestras creencias primarias, y nosotros mismos ejercemos la tarea de implementarlas.

Las domesticaciones negativas se presentan como pensamientos fundados en el miedo, al estilo de «Nunca lograrás nada», «Nadie te amará» o «Irás al infierno». Si profundizas, probablemente descubrirás que has forjado acuerdos basándote en esas domesticaciones; acuerdos que se interponen en la vida que de verdad deseas. Sin embargo, esos acuerdos estuvieron fundados siempre en los miedos de los demás: tus padres, cuidadores, amigos y la sociedad en la que creciste. Este coro de voces —tu mitote— es intimidante, poderoso y ¡puede no reflejar en absoluto lo que de verdad deseas para tu vida!

El poder de las historias

Los seres humanos somos criaturas extraordinarias: inventamos herramientas, creamos arte, expresamos amor y ternura hacia los demás y utilizamos nuestra inteligencia de innumerables maneras hermosas. Y también contamos historias. Quizás ese sea nuestro don más único y prolífico: la capacidad de crear relatos en nuestras mentes y narrárselos una y otra vez a los demás y, más importante, a nosotros mismos.

Ahora considera el impacto del mitote en nuestra capacidad de crear historias: cuando nos disparan con una flecha envenenada metafórica, podemos crear un relato entero acerca de ese suceso: «Apuesto a que fue mi colega; ella siempre está celosa de mí», «*Sabía* que esto me sucedería algún día» o «Será mejor que consiga una cota de malla para que nadie más pueda dispararme». Aunque contamos con la capacidad de crear historias hermosas, muchos de nosotros tenemos el hábito de crearlas atemorizantes.

Las voces de nuestro mitote y las historias que allí se tejen surgen de innumerables maneras, según nuestro temperamento individual y personalidad única, aunque todas tienen algo en común: logran socavar nuestra capacidad de ser felices, de llevar a cabo acciones que respeten el deseo genuino de nuestro corazón y de vivir nuestras vidas con plenitud. Consiguen hacernos creer que nuestra seguridad y felicidad dependen de cumplir con un conjunto muy estricto de condiciones, a la vez que nos impiden ver el amplio rango de posibilidades que están disponibles para nosotros. También pueden convencernos de que necesitamos encajar en un molde específico para estar bien, aun cuando resultaría evidente para cualquier observador externo razonable que eso no es verdad.

En algunos casos, las historias generadas por nuestro mitote suenan tan convincentes que ni siquiera las reconocemos por lo que son: ideas, creencias y opiniones de los demás que se instalaron en nosotros hace mucho tiempo. En cambio, ahora consideramos que esas historias fundadas en el miedo son «hechos», y ni siquiera nos damos cuenta de que existen otras formas de pensar, sentir y ser. Es posible que creamos que estamos tomando nuestras decisiones y viviendo nuestras vidas; sin embargo, si miramos más de cerca, descubrimos que es el miedo quien lo determina todo acerca de cómo se desarrolla nuestra vida. Aunque este descubrimiento es en sí mismo aterrador, no tiene por qué serlo. Representa una oportunidad para escoger otro camino. De hecho, nuestras opciones y acciones no están limitadas; todavía disponemos de nuestra creatividad y optimismo y, aunque en la actualidad se hayan apoderado de nosotros el miedo, la inercia y el *statu quo*, existe un camino que se parece más a quien realmente eres.

Historias y miedo psicológico

Las historias de nuestro mitote suelen repetirse sin cesar, lo que nos somete de manera continua al miedo psicológico. Compara esto con los animales salvajes, que viven mucho más cerca de la muerte que la mayoría de nosotros. Una oruga probablemente no se pasa el día atormentada por la ansiedad, pensando: «¿Y si un pájaro me come hoy?», sino que continúa con su vida normal, come hojas y busca un escondrijo soleado para construir un capullo. Si en algún momento sucede que un pájaro se la come, su sufrimiento es breve y físico, y *no* repetido, constante y psicológico.

Los seres humanos, por otro lado, creamos y reproducimos escenarios imaginarios en nuestras mentes, y generamos emociones y reacciones físicas de acuerdo a esos escenarios. En lugar de reservar nuestro miedo para amenazas físicas inmediatas, lo diseminamos con total libertad y utilizamos cualquier excusa para sentirnos atemorizados.

Mi hermano menor Jose relata una maravillosa historia de cuando nuestro padre lo convocó inesperadamente a hablar en el escenario frente a un auditorio repleto; una vivencia que yo también tuve con mi padre. A pesar de que Jose se encontraba completamente a salvo en términos físicos, sus piernas se convirtieron en gelatina, le comenzaron a sudar las palmas de las manos y su mitote empezó a gritarle cómo los demás lo juzgarían y se reirían de él. Mientras caminaba al escenario, sintió un miedo psicológico abrumador. Por supuesto, lo que terminó sucediendo es que una vez arriba habló desde el corazón, de forma tan calmada y pacífica como pudo. Para su sorpresa, el público le regaló una ovación de pie, lo que finalmente lo ayudó a superar su miedo a hablar en público.

Cuando nació mi primer hijo, yo tuve una fuerte experiencia de cómo las voces del mitote conducen al miedo psicológico. Aquellos primeros instantes, en que la enfermera colocó a mi bebé entre mis brazos, estuvieron repletos de una felicidad indescriptible. Sin embargo, tan solo unos segundos más tarde, mi mitote comenzó a hablar, y esa felicidad se convirtió en miedo. «¡Ay, Dios! ¿Y si ocurre el síndrome de la muerte súbita del lactante? Los bebés mueren de eso todo el tiempo. Creo haber leído que la mayoría muere mientras duerme». La adrenalina invadió mi cuerpo mientras afrontaba la posibilidad de que mi hijo tuviera una enfermedad que yo no pudiera controlar. Solo al darme cuenta de que mi miedo psicológico, disfrazado de preocupación, estaba funcionando a toda máquina logré volver al presente y reconectar con la alegría y la felicidad de cargar en brazos a mi hijo recién nacido.

Dos años más tarde, cuando mi hijo fue diagnosticado con autismo, mi mitote se volvió incontrolable. Unas voces aterradoras en mi cabeza comenzaron a realizar predicciones fatídicas sobre cómo se transformaría su vida y la de nuestra familia a causa de ese diagnóstico. Mi hijo tiene veinte años en la actualidad, y en varios momentos de este libro compartiré algunas de las enseñanzas que he aprendido en nuestro camino juntos, pero quiero comenzar diciendo que nada de lo que mi mitote me dijo el día de su diagnóstico terminó siendo verdad.

Esto resalta uno de los efectos más inútiles del mitote: la preocupación. A pesar de que vivimos la mayor parte de nuestras vidas en un estado de seguridad física, pasamos gran parte de nuestro tiempo sintiendo preocupación, que es simplemente miedo psicológico con otro nombre. Eso representa un uso muy ineficiente de nuestra energía y contamina nuestro Sueño Personal con negatividad. La preocupación, cuando no se afronta internamente, puede convertirse, en el mejor de los casos, en una pérdida de tiempo valioso y, en el peor, en una fuerza debilitante. Aunque a lo largo de este libro utilizo la palabra «miedo» en lugar de «preocupación», todo lo que digo sobre el miedo se aplica de igual manera a la preocupación.

Recupera tus «síes» y «noes»

Uno de los conceptos más importantes que les enseño a mis estudiantes es que todos podemos recuperar el control sobre nuestros síes y nuestros noes. Recuperar el control sobre los primeros significa decidir de manera consciente a qué estás accediendo, qué eliges que entre en tu vida y en qué situaciones otorgas permiso. Recuperar control sobre los segundos implica decidir de manera consciente cuándo retiras tus permisos, rechazas un acuerdo e impones límites.

Si no reconoces el poder de tus síes y tus noes y no te adueñas de ellos, tu mitote lo hará por ti. Ya sea la voz de un padre invasivo, de una pareja controladora o simplemente la cultura en general, la idea o creencia de alguien más aparecerá para influir en tus decisiones, lo que hará que imponerte te resulte difícil, si no imposible. Por ejemplo, puedes terminar «aceptando» que es demasiado atemorizante renunciar al trabajo en el que no eres feliz, a pesar de que cuentas con todas las habilidades y recursos para hacerlo.

Si no somos conscientes de ello, nuestros síes y nuestros noes pueden quedar determinados por la voz más fuerte de nuestro mitote. En general, una de estas voces es la responsable de crear una y otra vez una historia que nos atemoriza, de recordarnos lo peligroso o imposible que es algo, de convencernos de que será mejor que aceptemos cualquier cosa en lugar de ejercer el poder de decir que no. Recuerda que a menudo podemos resumir una historia con una simple frase repetida de manera infinita: «No soy lo bastante bueno» o «No tendré lo suficiente». Cuando nuestro mitote se encuentra al mando, nuestros síes y noes provienen de ese lugar y no del verdadero deseo de nuestro corazón.

Algunas veces, llegas a imaginar con todo lujo de detalles las cosas terribles que podrían suceder cuando hay escasez de algo o cuando tú no eres suficiente. Quizás se sumen más voces para apoyar a la original y completen sus ideas: «*No tendré lo suficiente, de modo que no me puedo permitir el lujo de compartir…*» o «*No soy suficiente, y ellos me juzgarán por no serlo, por lo que ni siquiera lo intentaré…*».

Mientras comenzamos a recorrer este camino, el primer paso es reconocer cuáles son las historias fundadas en el miedo que te estás contando. Al tomar consciencia de tus temores concretos, puedes comenzar a afrontarlos durante aquellos momentos en los que *no* están activados. En los ejercicios que siguen compartiré mis herramientas favoritas para hacerlo.

EJERCICIO:
Identifica tus historias

Si aún no has hecho una pausa para considerar cómo suena tu propio mitote y qué clase de historias escuchas sobre tu propia vida, destina algunos minutos para hacerlo. Encuentra un lugar donde nadie te moleste o interrumpa y piensa en esto: cuando tu mitote se agita con miedo, ¿qué dicen las voces más fuertes? Intenta escribir esas historias utilizando frases cortas, como «Debería haber terminado la universidad» o «Debería haber aceptado ese trabajo» o «No soy bueno con el dinero» o «Siempre estaré solo».

Aunque tu historia te parezca única, seguramente miles o incluso millones de personas escuchan ideas similares de sus propios mitotes todos los días, ¡lo que debería ser suficiente para que dudes de lo que te dice tu mitote!

Una vez que hayas escrito una lista de estas frases, guárdala en tu bolsillo durante una semana. Cada vez que una voz de tu mitote mencione una de ellas, haz una marca a su lado. Al final de la semana, ¿qué historia se repite más? ¿Te sorprende ver la frecuencia con la que surge esa historia en tu vida cotidiana? ¿Hubieras adivinado que ese era tu miedo dominante?

EJERCICIO:
Reflexiona sobre tu compromiso

Imagina que recibes una carta por correo que contiene un contrato de aspecto oficial. Tiene tu nombre al principio y un espacio para firmar al final, y establece: *En cada situación, por el resto de mi tiempo en la Tierra, me comprometo a actuar como si ____________, más allá de si eso es verdad o no.*

Completa el espacio con el miedo dominante del ejercicio anterior. Por ejemplo: *En cada situación, por el resto de mi tiempo en la Tierra, me comprometo a actuar como si yo no fuera suficiente/como si no tuviera lo suficiente, más allá de si eso es verdad o no.*

Ahora mira el espacio para firmar al final del contrato. ¿Firmarías? ¿Qué sucedería si no estuvieras de acuerdo con ello? ¿Quién serías si rompieras el contrato?

EJERCICIO:
Escribe un contrato nuevo

Suponiendo que has rechazado el contrato del ejercicio anterior, es hora de escribir uno nuevo.

Toma un papel y escribe otro acuerdo. Este acuerdo no tiene que ser el opuesto directo al anterior, sino que puede tener matices. Por ejemplo, puedes escribir: *Acepto considerar la posibilidad de que quizás tenga lo suficiente* o *En ausencia de evidencia de lo contrario, acepto actuar como si hubiera lo suficiente.*

¿Cómo se siente comunicar tus síes de una manera tan clara y contundente? ¿Qué sucede con las voces de tu mitote cuando tomas una decisión consciente sobre tus acuerdos, en lugar de dejar que el miedo dicte tus creencias y acciones?

CAPÍTULO 2

Miedo y consciencia

Un par de veces al año, mi hermano Jose y yo llevamos a veinte o treinta estudiantes a viajes de poder a la antigua ciudad tolteca de Teotihuacán, un lugar sagrado cerca de Ciudad de México donde se encuentran las pirámides del Sol y la Luna. Durante cinco días, visitamos todas las plazas y pirámides, invitamos a nuestros estudiantes a analizar sus miedos con amor incondicional y a liberarse de sus apegos a historias que ya no les sirven. De manera poco sorprendente, el miedo más común que los estudiantes identifican en estos viajes es el de no ser suficiente: de no ser lo bastante buenos, inteligentes, atractivos, interesantes, etcétera. Muchos de estos participantes son muy exitosos de acuerdo con los estándares modernos: suelen tener títulos avanzados, empleos con buenos salarios, familias que los apoyan y buena salud. Y, aun así, experimentan sentimientos de inseguridad, ansiedad y soledad.

El miedo a no ser suficiente es el miedo psicológico más básico, y quizás también el más antiguo. Este temor aparece en la cosmogonía de casi todas las religiones importantes; ya sea cuando expulsaron a Adán y Eva del jardín del Edén o cuando Mara regañó a Buda por sentarse bajo el árbol de bodhi: «¿Quién te crees que eres para caminar por este camino? ¡No eres digno!». Al parecer, hemos estado repitiendo este relato desde los comienzos de la historia.

En general, los estudiantes se inscriben para el viaje de poder cuando tienen la intuición de que una idea, creencia o norma que les han enseñado no concuerda con su verdad interna; sin embargo, siguen temiendo las consecuencias de soltar esa idea. Esperan que alguien externo decida que sí son dignos o que les brinde pruebas de su valor de tal manera que conquiste a sus miedos para siempre. Muchas veces, solo cuando visitan la última plaza, al final del viaje, se dan cuenta de que no soy yo, ni Jose, ni sus padres, ni sus parejas, sino *ellos* quienes pueden dictar su propio valor. Solo ellos logran desafiar esa domesticación y adoptar una vida nueva.

Cuando se trata del miedo psicológico, muchos de nosotros miramos hacia fuera en busca de respuestas. Creemos que encontrar a la pareja perfecta, complacer a todos los que nos rodean o recibir la aprobación de un maestro o gurú espiritual hará que finalmente seamos valiosos, sin darnos cuenta de que nosotros somos los únicos que podemos superar ese miedo de manera duradera. Para el momento en el que llegan a Teotihuacán, muchos estudiantes *ya* tienen parejas maravillosas, carreras exitosas y una práctica espiritual significativa, pero ese miedo psicológico aún se encuentra arraigado en ellos.

Superarlo a menudo implica exponerse a sí mismo a ese miedo en dosis controladas. Por ejemplo, si temes nadar en el mar, puedes comenzar simplemente sentándote en la playa, luego adentrarte poco a poco hasta quedar de pie con el agua hasta las rodillas, después flotar y, por último, nadar. Al exponerte a esa temida situación una y otra vez, aprendes lentamente que la sensación de alarma y angustia que sientes es desproporcionada con respecto al riesgo real. Así consigues tener la certeza que demuestre que, cuando se toman precauciones razonables, nadar en el océano puede ser una actividad placentera y segura.

Superar el miedo *psicológico* requiere de un enfoque un tanto diferente. Esto es así porque si bien resulta sencillo identificar el océano o una serpiente como fuente del temor, puede ser difícil reconocer todas las maneras traicioneras con las que el miedo psicológico ha estado socavando tu libertad personal. Por ejemplo, quizás tu miedo a no ser valioso te haya conducido a establecer un acuerdo consciente o inconsciente contigo mismo de solo establecer metas «realistas» que no reflejen tu verdadero potencial. Si bien ese acuerdo está arraigado en el miedo, fácilmente puede convertirse en una forma perfectamente responsable y razonable de vivir tu vida.

Otro ejemplo común de cómo el miedo a no ser digno puede dominar tu vida es escoger parejas frente a quienes te sientes superior; después de todo, una pareja buena, honesta y amable solo te haría sentir menos valioso. En ocasiones, este miedo se manifiesta de la manera opuesta, y eliges parejas que te recuerdan que no eres valioso, lo que te hace sentir cómodo con el refuerzo de ese sistema de creencias, aunque te resulte doloroso. Esto suele suceder cuando alguien está en una relación con una persona que la maltrata, y quienes les rodean se dan cuenta de ello menos la persona en cuestión.

En ambos casos, se evita buscar oportunidades por sentir que no se merecen. Una vez más, quizás hayas trabajado mucho para convencerte de que tus elecciones están fundadas en algo diferente al miedo, pero si indagas un poco, es posible que descubras que en la raíz de esas elecciones está el temor.

Con frecuencia, solo al reflexionar sobre tu vida en su totalidad puedes comenzar a detectar patrones e identificar cómo las historias guiadas por el miedo han guiado tus decisiones. Al agudizar tu consciencia, puedes comenzar a detectar esas historias *en el momento en el que surgen* y a recuperar tu libertad personal.

Acechar a la mente

El área de México en donde prosperó la civilización tolteca fue hogar del jaguar, un enorme y aterrador gato salvaje venerado por sus habilidades de caza, así como por su capacidad de correr a una velocidad de hasta ochenta kilómetros por hora. En la región donde habita, las referencias a este ágil y esbelto animal se traducen en frases que describen rasgos de su comportamiento como «el que mata de un salto» y «feroz en la batalla». Hasta el día de hoy, los visitantes de la jungla en las zonas rurales de México pueden tener la fortuna de divisar al jaguar, aunque no antes de que el jaguar los detecte a ellos primero.

Este felino sobrevive y prospera en el entorno desafiante de la jungla gracias a su aguda consciencia, que le hace prestar atención a cada pisada, a cada rama que se quiebra, a cada hoja que cae y a cada aroma que arrastra la brisa. Acecha a su presa con total concentración y aun así continúa siendo consciente del entorno en su totalidad. Esta consciencia dual le permite conseguir una caza exitosa y al mismo tiempo controlar su estado físico y emocional, así como detectar factores cambiantes, ya sea el clima o la presencia de otras criaturas.

En la tradición tolteca, invocamos la sabiduría del jaguar en un proceso que llamamos «acechar a la mente». Así como el jaguar posee una consciencia plena de todo lo que sucede en la jungla, nosotros también debemos desarrollar nuestra consciencia de todo lo que sucede en nuestras mentes, en especial cuando se trata de aquellos procesos automáticos que aparentan representar «lo que somos». La presa a la que acechamos son los pensamientos, historias, hábitos y creencias que guían las decisiones de nuestras vidas y que en gran parte son el resultado de nuestra domesticación. Las creencias dañinas de la domesticación son las que más nos interesan, ya que ingresaron allí con la flecha venenosa del miedo.

Cuanto más habilidosos nos volvamos en «atrapar» a esa presa, más sencillo nos resultará liberarnos del miedo.

Entonces, ¿cómo podemos volvernos expertos en acechar a nuestras mentes? La práctica hace al maestro. En un nivel básico, acechar a la mente simplemente se refiere a la práctica de adquirir consciencia sobre los pensamientos y no creer que son ciertos sin cuestionarlos antes.

Esto suena más sencillo de lo que es en realidad, por ello descubrí que resulta útil descomponer el proceso en cuatro niveles de consciencia. De esta manera puedes enfocarte en un nivel cada vez y, como verás a continuación, cada nivel es parte constitutiva del siguiente, lo que termina fortaleciendo tu consciencia total a medida que avanzas.

Identifica sensaciones físicas

Para adquirir una mayor consciencia sobre tus procesos mentales primero necesitas reconocer con más claridad las sensaciones de tu cuerpo. En general, las físicas son las precursoras del pensamiento. En ocasiones, antes de que una historia que te provoca temor ingrese a tu mente, quizás primero detectes una sensación en el cuerpo, ya sea un escalofrío en la nuca, un aumento ligero de la frecuencia cardiaca o sudor en las manos.

Con frecuencia, esta respuesta se encuentra arraigada en experiencias pasadas y, como resultado, puede convertirse en un disparador emocional y mental. Por ejemplo, digamos que ves a alguien por la calle que se parece a un ex con el que tuviste una ruptura dolorosa. Antes de que tu mente tenga la posibilidad de contar una historia sobre lo que está sucediendo, sientes que tus músculos se tensan, que tu corazón late con fuerza y quizás hasta llegues a esconderte en una tienda o cafetería para evitar a esa persona. En otras ocasiones, las respuestas físicas no están vinculadas con una experiencia pasada, sino con una creencia o historia que no te has cuestionado. Por ejemplo, puede que sientas un nudo en la garganta cuando es tu turno de hablar delante de un grupo porque temes que, a diferencia de todos los demás que ya han hablado, tú no tienes nada valioso que aportar.

La meditación, una práctica vital para acechar a la mente, también puede ayudarte a adquirir una mayor consciencia. Hablaremos más sobre meditación al final de este capítulo, pero mientras tanto echemos un vistazo a otras herramientas para fortalecer la consciencia física.

Una técnica que suelo recomendar es forjar el hábito de escanear tu cuerpo a intervalos fijos a lo largo del día, quizás al inicio de cada hora o tan cerca de ese momento como puedas. Tómate un instante para sentir tu cuerpo y responder a las siguientes preguntas: ¿Cómo se encuentra tu respiración? ¿Qué sientes en el estómago? ¿Sientes el pecho tenso y cerrado o relajado y abierto? ¿Qué hacen tus manos? ¿Sientes el impulso de ir a por un bocadillo y revisar el móvil o buscar alguna manera de relajarte y distraer la mente?

A continuación, comienza a identificar patrones: ¿Existen determinados momentos del día en los que te sientes más relajado o más estresado? ¿Expresas tu ansiedad tensando las manos o respirando de manera entrecortada? ¿Qué situaciones desencadenan estos comportamientos y sensaciones? Comienza por aquí hasta que puedas mantener una consciencia sutil pero constante de tu cuerpo y sus fluctuaciones a lo largo del día.

Observa tus pensamientos e historias

El próximo paso trata de registrar la conexión entre los pensamientos y las historias que nos contamos. A veces, estos surgen directamente después de una sensación física; en otras ocasiones, es el pensamiento o la historia lo que desencadena la sensación física. Presta atención a lo que pasa en tu mente cuando sientes tensión en el pecho o sudor en las manos. ¿Te sucede al pensar en el dinero? Quizás hayas visto un anuncio sobre la importancia de «ahorrar para la jubilación» y eso te ha provocado ansiedad (que es exactamente para lo que ese tipo de anuncios están diseñados en la mayoría de los casos). O tal vez sientes esa tensión física al contemplar la posibilidad de que tu pareja termine contigo o cuando consideras intentar algo fuera de tu zona de confort, como solicitar un nuevo trabajo o enviar un poema a un concurso de escritura. En otras palabras, comienza a identificar los miedos específicos relacionados con esas sensaciones físicas e intenta descubrir si existe un desencadenante que los active. ¿Cuáles son los pensamientos e historias detrás de esos miedos? (Los ejercicios del capítulo 1 pueden ser útiles para esto).

A continuación, busca patrones: ¿eres más propenso a tener esos pensamientos mientras realizas alguna actividad determinada? ¿O cuando el cielo está nublado o hace frío? ¿O en cuanto acabas de oír las noticias o leer un artículo en línea particularmente alarmante? ¿O bien te vienen a la mente nada más terminar una conversación telefónica con una persona en especial?

Acostúmbrate también a notar el simple hecho de que estás pensando. En el momento en que te encuentres perdido en tus pensamientos, basta con pronunciar o traer a la mente la palabra «pensando» para hacer que tu atención regrese al momento presente. Fíjate en cómo tu mente produce pensamientos de manera más o menos automática, al igual que un refrigerador enchufado continúa produciendo aire frío. Comienza a preguntarte si cada uno de esos pensamientos es tan cierto e importante como todos los demás.

Registra tus emociones

Una vez hayas acumulado algo de práctica observando tus pensamientos e historias, es el momento de prestar atención a las emociones que despiertan en ti, en particular el miedo, la ansiedad, el pánico y la preocupación.

La meta aquí es detectar que, en general, son los pensamientos y las historias que consideramos verdaderos los que generan las emociones que experimentamos. En otras palabras, cuando se trata del miedo psicológico, en general somos nosotros quienes nos causamos el temor. Por ejemplo, si tu pareja no te responde un mensaje de inmediato, quizás no lo notes o no te importe, pero si te cuentas la historia de que a tu pareja no le importas, te oculta cosas o está en peligro de alguna manera, puede que sientas enfado, preocupación e incluso pánico. Esas emociones no surgieron de nada real que haya sucedido en el mundo, sino de tus propias historias y predicciones sobre lo que podría estar sucediendo.

Algunos podríais estar leyendo esto y pensando: *Espera, ¡mi historia es cierta! Tengo razones para sentir miedo.* Continuaremos analizando esta situación en el próximo capítulo, pero por ahora me gustaría pedirte que te mantengas abierto a la posibilidad de que esas historias que te atemorizan y te cuentas no son ciertas. Y sí, de verdad me refiero a todas ellas.

Conviértete en observador

En este último paso, te invito a viajar a un lugar en donde puedas observar la actividad de tu mente, cuerpo y emociones de manera simultánea. Imagínate flotando sobre tu cuerpo físico y observando todo lo que sucede desde una corta distancia, de la misma manera que te sentarías junto al océano para contemplar el oleaje. Pregúntate quién está observando aquí. ¿Acaso los pensamientos y sensaciones constituyen lo que tú eres? ¿O eres tú quien los observa a la distancia?

A esta percepción silenciosa se la conoce con muchos nombres, como «el observador», «el testigo», «el nagual» o «el campo donde todo sucede». El nombre que le otorgues no es relevante; lo que importa es que, en este nivel de consciencia, te estás distanciando de ti mismo y, como resultado, no te encuentras envuelto por completo en tus pensamientos e historias, emociones y sensaciones físicas. Este nivel de consciencia puede resultar difícil de mantener si te encuentras en medio de una crisis; sin embargo, si practicas con regularidad, descubrirás que puedes mantenerte calmado y distante aun en circunstancias desafiantes y caóticas. En general, si observas tu estado actual de esta manera, la crisis también se transformará.

Al practicar en este nivel de consciencia, comenzarás a comprender la interacción compleja entre tu consciencia interna y el mundo exterior; en otras palabras, comenzarás a ver cuánto de tu mitote y de la domesticación se han filtrado en tu experiencia de vida. ¿Cómo incide tu Sueño Personal en tus interacciones con los demás, en tu decisión de tomar riesgos o no, y en tu evaluación de las amenazas reales o imaginarias? ¿De qué manera estos aspectos de tu Sueño Personal te ayudan o apoyan? ¿De qué manera te detienen? ¿Qué sucedería si decidieras cambiarlos?

Combina los niveles

Cada nivel de consciencia se construye sobre los anteriores, y todos son invaluables cuando se trata de afrontar el veneno del miedo. Cultivar una consciencia precisa sobre tus sensaciones físicas hace que sea más sencillo detectar pensamientos temerosos a medida que aparecen. Al identificarlos, puedes comprender las narrativas que originan las emociones que experimentas y que moldean tu Sueño Personal. Observar con detenimiento las maneras con las que tu Sueño Personal está creando tu vida te ofrece la oportunidad de escoger otro camino.

Desarrollar la consciencia de un jaguar no es algo que suceda de la noche a la mañana, pero una vez que esta consciencia se encuentra establecida y es firme, comenzarás a experimentar más paz en tu vida. Hay algo en ser simplemente consciente de lo que está sucediendo que te permite elegir de manera distinta. Lo importante es practicar esta consciencia de forma continua, y volver a comprometerte con la práctica en el momento en que inevitablemente te distraigas. De este modo, podrás identificar las formas sutiles con las que el miedo intenta manipularte, incluso antes de que llegue a tomar el control de tus acciones. Al aumentar tu consciencia, todos los miedos y creencias inconscientes que han estado dictando tus acciones salen a la luz, y tú, por fin, tienes la oportunidad de escoger un camino diferente.

Una amiga mía comenzó a acechar a su mente y descubrió que los pensamientos e historias que más miedos la generaban aparecían los lunes, a pesar de que amaba su trabajo y se sentía entusiasmada por hacerlo. Confundida por ese descubrimiento, decidió hacer una pausa y enfocarse en sus sensaciones físicas. Tras unas pocas semanas, se dio cuenta de que los lunes sentía los músculos doloridos por haber pasado todo el fin de semana haciendo senderismo, jardinería y proyectos de la casa. Los pensamientos ansiosos eran una respuesta al dolor de su cuerpo y no se relacionaban en absoluto con el trabajo. También advirtió que había sucumbido a la creencia socialmente extendida de la «depresión del lunes», es decir, al temor a comenzar la semana laboral, en especial entre aquellos a quienes les disgusta su trabajo. La combinación de estas revelaciones la ayudó a situar sus pensamientos en contexto, a evitar actuar en relación a sus miedos y a tomar medidas para aliviar el sufrimiento físico que los estaban generando en primer lugar.

Otro amigo descubrió que, al hablar con su madre por teléfono, sus historias negativas se volvían más dominantes durante las veinticuatro horas posteriores. No solo eso, sino que se identificaba cada vez más con esas historias y perdía de manera temporal su habilidad para detectar que se trataba de filtros sobre la realidad. Como respuesta a ese descubrimiento, decidió que no tomaría ninguna decisión importante durante las veinticuatro horas posteriores a una llamada con su madre. Esa decisión lo salvó de actuar de manera innecesaria y dañina como consecuencia de un aumento temporal del miedo. Con el tiempo, el mismo acto de detectar este patrón alivió sus temores y disminuyó las historias negativas de su mente. También adoptó una mentalidad más compasiva al conversar con su madre y en lugar de temer sus conversaciones, se dio cuenta de que ella se estaba asustando a sí misma con su propia domesticación, aunque él ya no sentía temor.

Al igual que mis amigos, tú también sabrás que estás dominando la práctica de acechar a tu mente cuando comiences a reaccionar de manera distinta ante el miedo, y notes su presencia en tu cuerpo y mente. La sensación física que solía desencadenar una espiral de miedo ya no tendrá ese efecto; aquella historia mental que te impulsaba a realizar una acción inmediata y sin cuestionamientos, simplemente será una perspectiva más entre otras disponibles. En lugar de permitir que el veneno de la flecha tome decisiones por ti, recuperarás tu poder y escogerás cómo dar forma a tu Sueño Personal basándote en el amor y en la sabiduría en lugar del miedo.

Mientras te conviertes en un cazador nato, incluso descubrirás que, en algunos casos, puedes percibir cómo viaja la flecha envenenada a un kilómetro de distancia, y la podrás esquivar por completo. Así como el jaguar capta cómo se quiebra una rama a varios metros, tú puedes escuchar el silbido de la flecha y responder: «Hoy no».

Esto no significa controlar cada aspecto de tu vida para no salir herido nunca o no sentir incertidumbre; eso es imposible a pesar de todo. Todos debemos convivir con la incertidumbre y el cambio. Más bien, al aplicar el antídoto de la consciencia y la curiosidad, disminuyes el poder del miedo casi de manera instantánea. Está bien, puede que no sepas qué sucederá, pero ¿no es eso también algo maravilloso? El peligro no acecha necesariamente en cada esquina; también existen oportunidades para la sorpresa, los encuentros felices y los nuevos descubrimientos. No podemos conocer todos los hechos sobre nuestras circunstancias y entornos, pero sí encarar el mundo como si las historias que nos contamos fueran igual de importantes que saberlo todo. Con este cambio de perspectiva pronto descubrirás que el miedo no tiene ninguna posibilidad de entrar en tu consciencia.

Los ejercicios que presento a continuación están diseñados para ayudarte a cultivar la habilidad de acechar a tu mente. Utilizaremos esta habilidad en lo que resta del libro, de modo que tómate tu tiempo y regresa a ellos con frecuencia.

EJERCICIO:
La conexión entre las sensaciones y las historias

Las historias mentales a menudo preceden a las sensaciones físicas y con frecuencia son tan sutiles o instantáneas que ni siquiera las detectamos. En este ejercicio, te invito a adquirir consciencia acerca de la conexión entre tu cuerpo y mente.

En primer lugar, piensa en una parte de tu cuerpo que te cause problemas; una parte a la que le prestas atención con regularidad: un dolor de espalda, de rodilla o un dolor de cabeza recurrente. Durante la semana siguiente, registra el horario y lugar en el que experimentas el dolor en esa parte del cuerpo, así como los pensamientos y las historias que surgen en tu mente en esos momentos.

Pregúntate cuál apareció primero: el dolor físico o las historias. ¿Esas historias surgen en otros momentos o solo cuando sientes dolor físico? ¿Qué crees que sucedería con esas historias si ya no sintieras dolor? ¿Seguirían existiendo? ¿Cuánto de la historia es «cierto» y cuánto se trata del intento de tu mente por explicar el dolor?

EJERCICIO:
Los «deberías» y los «podrías»

El miedo se manifiesta en nuestras mentes de maneras grotescas y sutiles: con tanta intensidad y detalle como en las películas de terror y con tanta quietud y persistencia como las reprimendas internas. A medida que practicas el acechar a tu mente, presta especial atención a los *deberías* y a los *podrías*, ya que las creencias e historias fundadas en el miedo a menudo se mimetizan con estas frases supuestamente inocuas. ¿Te dices a ti mismo cosas como: *Debería eliminar esa publicación que escribí antes de que alguien la lea* o *Si de verdad fuera un buen padre, ¿podría haber detectado antes la enfermedad de mi hija?* Pensamientos como esos señalan el camino hacia miedos profundos de los cuales apenas somos conscientes.

La próxima vez que tengas un pensamiento que implique un «debería» o un «podría», haz una pausa para pensar. En voz alta o para tus adentros, pídele al miedo que se oculta detrás del pensamiento que se revele ante ti. ¿Tienes miedo a quedar expuesto como imperfecto, ridículo o poco valioso? ¿Temes perder el amor de alguien, o el propio?

Imagina que colocas ese miedo delante de ti, y puedes mirarlo en su totalidad. Tómate tu tiempo. Los miedos prosperan en el silencio; cuanto más cómodo te sientas exponiéndolos y analizándolos, más rápido se encogen. Comprueba con cuanta rapidez puedes detectar tus «deberías» y «podrías» antes de que te pasen inadvertidos.

EJERCICIO:
Meditación para acechar a la mente

Para esta meditación, necesitarás estar en un lugar cómodo donde puedas sentarte o acostarte sin que nadie te interrumpa durante veinte o treinta minutos.

Cierra los ojos y respira con normalidad. Concentra tu atención en el momento presente, enfócate en tu cuerpo y presta especial atención a cualquier dolor y tensión, así como a las zonas donde sientas comodidad y relajación. Recomiendo comenzar desde la cabeza hacia los dedos de los pies y recorrer con lentitud el resto del cuerpo para identificar cómo se siente cada zona.

Después de completar un análisis de tu cuerpo, mantén el foco en el momento presente. Puede resultar útil enfocarse simplemente en la respiración. Hacemos miles de inhalaciones cada día, aunque apenas somos conscientes de algunas pocas y, sin embargo, la respiración suele ser la conexión entre el cuerpo y la mente.

Mientras te enfocas en el momento presente y te concentras en tu respiración, identifica los pensamientos, historias y emociones que surgen en el proceso. Durante los próximos minutos, simplemente observa los que llegan a tu mente e identifica cualquier emoción que produzcan. ¿Alguno se siente especialmente urgente? Si adviertes que estás siguiendo una cadena de pensamientos, simplemente regresa a la respiración y recuerda que te encuentras en el momento presente. No te regañes o castigues por esos pensamientos, solo déjalos pasar y observa qué más sucede.

Durante los últimos minutos de tu meditación, imagina que puedes observar tu cuerpo y mente con visión de águila. Te encuentras por encima de tus sensaciones físicas, tus pensamientos, tus historias y tus emociones. Toma conciencia de que tú no eres ellos.

Una vez estés listo, lleva tu atención de regreso al cuerpo. Mueve los dedos de las manos y pies, y si durante la meditación te acostaste, vuelve a sentarte con lentitud. Tómate un momento para estirar y acostumbrarte al espacio y a tu cuerpo.

Al completar la meditación, haz una lista mental de qué pensamientos, historias y emociones experimentaste. ¿Reviviste cosas que sucedieron en el pasado? ¿Pensaste en tu lista de tareas de ese día? Los pensamientos e historias que surgen durante la meditación suelen mostrarnos las áreas de nuestra vida a las que más tememos. El simple hecho de reconocer que sientes un poco más de miedo en un área particular puede ayudarte a poner, con amabilidad, una distancia más amplia entre tus pensamientos y las acciones que decides tomar. Por ejemplo, no puedes cambiar lo que sucedió en el pasado, pero puedes avanzar de manera más enfocada, sabiendo que estás dando lo mejor de ti, y es probable que la mayoría de los demás también estén haciendo lo mismo. Si te predispones para el fracaso con una lista de tareas demasiado extensa, puedes abordar esos sentimientos de ansiedad y de escasez de tiempo priorizando las tareas y decidiendo qué es necesario hacer en el momento y qué puede esperar hasta mañana o la semana siguiente. La meditación no es el momento para resolver tus pensamientos, historias y emociones, pero puede arrojar luz sobre aquello que te inquieta. A partir de ahí, podrás saber en qué enfocarte cuando tu meditación haya concluido.

CAPÍTULO 3

La mente soñadora

Cuenta la tradición que después de que Siddhartha Gautama alcanzara la iluminación debajo del árbol de bodhi, las personas notaban que algo en él había cambiado, pero no lograban descifrar de qué se trataba exactamente. Al preguntarle qué había sucedido, él simplemente respondía: «Ahora estoy despierto». En el idioma pali, la raíz *budh-* significa «despertar», y de ahí surgió el nombre «Buda» y la tradición que lleva su nombre. Al descubrir las verdades eternas de la vida, la muerte y el sufrimiento, el Buda nunca más fue engañado con las mismas ilusiones que normalmente dominan la vida humana.

De la misma manera, la tradición hindú enfatiza la naturaleza soñadora de nuestras vidas cotidianas, y nuestra tendencia a quedar atrapados en la *maya* o ilusión. En un relato popular, Narada, un santo viajero, le pide a Krishna que le explique el concepto de *maya*. Krishna acepta, pero primero le ruega a Narada que le sirva un vaso de agua, ya que está sediento. Este llama a la puerta de una choza cercana para pedir el agua, donde una hermosa joven le responde. De inmediato, Narada queda inmerso en un sueño en el que se casa con la mujer, tiene hijos y nietos y olvida todo sobre su misión de comprender la naturaleza de la ilusión. Solo cuando una inundación devastadora se lleva a su familia, Narada invoca a Krishna con desesperación y descubre que había estado viviendo en una *maya* todo ese tiempo.

La tradición tolteca también afirma que la mente humana sueña todo el tiempo, y que si no somos conscientes del hábito de la mente de soñar, significa que, en esencia, estamos dormidos, ¡aunque estemos despiertos físicamente! Al igual que el Buda debajo del árbol de bodhi o Narada en la inundación, deseamos despertar de esos sueños y liberarnos del miedo y el sufrimiento innecesarios que provocan.

Cada uno de nosotros tiene un Sueño Personal, un filtro a través del cual contemplamos las experiencias de la realidad sin procesar. Este filtro está compuesto por nuestras experiencias pasadas y sus correspondientes proyecciones, especulaciones, temores y sesgos. Por supuesto, el Sueño Personal también se encuentra teñido por nuestras domesticaciones, deseos, valores y creencias. Sin importar hacia dónde nos dirijamos y qué hagamos, veremos la vida a través de la lente de nuestro Sueño Personal, y eso ejerce un efecto profundo en la manera en que percibimos nuestra vida cotidiana.

Para ilustrar esto de manera más clara, veamos cómo dos personas pueden extraer significados completamente diferentes acerca de un mismo suceso. Por ejemplo, una persona podría encontrar un billete de cien euros en la acera y pensar: *¡Guau! El universo me sonríe. Esta es una señal de que debo comprarme algo que me guste.* Una persona diferente podría encontrar el mismo billete de cien euros y pensar: «No pienso recogerlo. ¿Qué pasa si alguien cree que lo robé? ¿Y si esto es una prueba y me están filmando y viendo lo que hago?».

Para la primera persona, su Sueño Personal la conduce a percibir la aprobación del universo, buena suerte y abundancia al encontrar el billete de cien euros. Para la segunda, su Sueño Personal actúa de tal manera que, al ver el billete, siente temor a ser evaluado, juzgado e, incluso, castigado por recogerlo. Ninguna de las dos respuestas está bien o mal, pero ambas se encuentran arraigadas en el Sueño Personal de cada individuo. El punto clave es que ambos individuos responden al hallazgo de ese billete con una *historia* de qué es lo que significa, por qué lo encuentran allí y qué sucederá si deciden tomarlo.

Cuando combinas el Sueño Personal de cada ser humano, obtienes lo que denominamos el Sueño del Planeta; ese conjunto cambiante y en constante evolución de creencias, ideales y relatos que se forman a partir de nuestros acuerdos colectivos.

Para ver el Sueño Personal y el Sueño del Planeta en acción, considera todos los niveles de ilusión implicados en el ejemplo del billete de cien euros. En primer lugar, al encontrar un billete de cien euros, lo único que *de verdad* estás viendo es un trozo de papel con tinta. Es solo en nuestro actual Sueño del Planeta donde esa clase particular de papel y tinta posee un valor que otro material no tiene; si pudieras viajar en el tiempo a la Edad Media para ir de compras, pronto te darías cuenta de que ese dinero caído del cielo no posee ningún valor, ya que el Sueño del Planeta de ese momento no reconocía el papel moneda.

A continuación, consideremos con mayor detenimiento tu posible reacción al encontrar ese dinero. Si te preocupa que alguien piense que lo robaste, eso es porque el Sueño del Planeta está impregnado de ideas sobre la propiedad, los bienes personales y el peso de las opiniones ajenas. Por otro lado, si crees que es tu día de suerte y que el universo te sonríe, eso es porque el Sueño del Planeta *también* incluye conceptos sobre la suerte, la sincronicidad y la benevolencia divina.

El Sueño del Planeta ha cambiado mucho a lo largo de las diferentes eras de la historia de la humanidad. Por ejemplo, en tiempos pasados, implicaba panteones de dioses y diosas que debían ser adorados, y cuyos favores había que ganarse para evitar la hambruna y las enfermedades; las personas temían provocar la ira de los dioses. En el Sueño del Planeta actual, es menos probable que temamos la ira de los dioses y más probable que nos atemoricen los actos de terrorismo, las guerras, los desastres naturales, como huracanes, terremotos e incendios, y los *hackers*, que pueden desmantelar los sistemas electrónicos de los que tanto dependemos.

Cada Sueño Personal forma parte del Sueño del Planeta, pero cada Sueño del Planeta también cumple un papel importante en moldear nuestros Sueños

Personales. Por ejemplo, si todos los que te rodean están muy preocupados por el estatus social, es posible que tú tengas un Sueño Personal que incluya el temor a ser juzgado. Y si creces en una sociedad que valora la riqueza material, tienes más probabilidades de trasladar ese valor a tu Sueño Personal, al menos hasta que despiertes de ese sueño y comiences a tomar decisiones conscientes sobre qué historias deseas contar.

Sueños y el poder de la palabra

Aquellos lectores que estén familiarizados con las enseñanzas toltecas saben que en nuestra tradición le otorgamos una gran importancia a cómo utilizamos las palabras. De hecho, el primer acuerdo del libro superventas de mi padre, *Los cuatro acuerdos*, es: «Sé impecable con tus palabras». Muchos de vosotros habéis leído ese libro y, si no lo habéis hecho, os animo a hacerlo. Como señala mi padre, el lenguaje nos permite compartir ideas, conformar cuerpos de conocimiento, transmitir información de generación en generación y crear las civilizaciones desarrolladas que conocemos en la actualidad.

No obstante, algo que quizás no hayas advertido, aun después de leer *Los cuatro acuerdos*, es que las palabras son tanto el filtro principal de nuestro Sueño Personal como los cimientos para la cocreación del Sueño del Planeta. Nuestro vínculo con las palabras se encuentra estrechamente ligado con nuestra relación con ambos sueños. Así como numerosos aspectos del Sueño del Planeta fueron forjados mediante millones de acuerdos con las palabras, nuestro Sueño Personal está conformado por las palabras que componen nuestros acuerdos internos.

Por lo tanto, si bien el lenguaje es nuestra herramienta más poderosa para la creación, también es la forma más común con la que nos perdemos en la ilusión del sueño. Podemos quedar tan atrapados en las palabras que olvidamos que ellas solo poseen poder porque nosotros estamos de acuerdo con sus significados. Ya lo dijo Alan Watts en su famosa frase «El menú no es la comida». Es decir, aunque las palabras nos permiten comunicarnos, por sí solas no adquieren poder hasta que colectivamente les infundimos significado.

De niños, las palabras eran el instrumento principal para nuestra domesticación. Escuchábamos advertencias como «¡No toques eso!» y «¡Recógelo ahora mismo!», lo que indicaba que estábamos demasiado cerca de algo peligroso o prohibido. En algunos casos, también escuchábamos cosas como: «¿Por qué no puedes parecerte a tu hermano?» o «¿Eres tonto? No hagas eso». En ese momento, aquellas expresiones probablemente hayan sido muy dañinas. Sin embargo, si tomas un poco de distancia, verás que no fueron las palabras literales que salieron de las bocas de nuestros domesticadores las que nos hirieron, sino el hecho de que creímos que eran ciertas. Nosotros les otorgamos el poder con nuestro acuerdo, y también podemos quitárselo una vez que seamos más conscientes.

Las palabras son las herramientas del sueño. Carecen de existencia independiente; no puedes tocarlas o sujetarlas con tu mano, y no pueden herirte por sí solas.

Por lo tanto, si las palabras que alguien pronuncia te generan miedo, ese miedo es psicológico por definición.

Nuestra práctica de acechar a la mente puede ayudarnos a detectar las características oníricas de las palabras y permitirnos distanciarnos de ellas lo suficiente para no creerlas de forma automática, en especial cuando se trata de palabras que provocan miedo. Esto es más fácil decirlo que hacerlo, pero al reconocer las palabras por lo que son —herramientas de construcción de sueños—, podemos comenzar a liberarnos del poder negativo que ejercen sobre nosotros.

La trampa de la comparación

Otra manera común con la que podemos quedar atrapados en el Sueño del Planeta es al compararnos con los demás, lo cual hacemos en general en las áreas de los logros, las apariencias y las trayectorias de vida. Buscar una semejanza con otros es una práctica tan común y automática que ni siquiera nos damos cuenta de que lo estamos haciendo, sin embargo, llega a convertirse en una fuente inmensa de temor. Aquí también la práctica de acechar a la mente puede sernos de gran ayuda.

Piensa en todas las maneras con las que te comparas con otra persona desde que te relacionas con ella la primera vez. ¿Observas su apariencia desde el principio y comparas su nivel de atractivo, estado físico y aparente salud con el tuyo? ¿Haces esto con todas las personas con las que te relacionas o tus comparaciones son más intensas cuando conoces a alguien de tu misma edad y género y que es parte de tu mismo círculo social? ¿Y qué sucede con las posesiones materiales, la ropa o las joyas que posee la otra persona o el coche que conduce?

Quizás también te compares con los logros profesionales o el estatus de los demás y sientas envidia o superioridad dependiendo de tu evaluación de cada persona. Tal vez hasta agregues consideraciones acerca de lo avanzada que se encuentra esa persona en su camino espiritual y pienses algo como: «Bueno, quizás tenga más dinero que yo, pero yo claramente soy más sabio que él».

Al identificar tus semejanzas, es probable que también detectes el miedo que te provocan bajo la forma de pensamientos insidiosos, como «Nunca seré tan atractivo como ella / tan adinerado como él / tan sabio como ese tipo», etcétera. En el juego de la comparación siempre sales perdiendo, y no solo porque siempre existirá un mundo en el que seas, de alguna manera, «inferior». El problema es que determinar tu propia superioridad solo a partir de la inferioridad percibida de los demás te ubica en una posición de ataque constante para defender tu superioridad y si pasas tu vida defendiendo tu superioridad, te quedará muy poco espacio para crecer o aprender. Compararse solo puede generar más miedo, y eso obliga a tu verdadera fuerza vital, el nagual, a permanecer en las sombras.

Esto nos lleva a otro punto importante. Si bien es fundamental aprender la práctica de acechar a la mente, no hay necesidad de castigarte si descubres que has quedado atrapado en un sueño. El hábito de la comparación no es un problema personal, sino simplemente la manera en la que la mente ha sido condicionada para funcionar en el Sueño del Planeta de la actualidad, el cual suele ensalzar los logros personales. Desde una edad muy temprana se nos dice que solo con hacer lo correcto, nosotros también podemos volvernos ricos, exitosos y atractivos; y si por alguna razón las cosas no funcionan, la culpa recaerá únicamente en nuestra capacidad.

Quedar atrapado en comparaciones significa quedar atrapado en un sueño y, al despertar, esas comparaciones se sentirán muy extrañas y tontas. Quizás te cueste recordar qué te las hizo sentir tan importantes en ese momento. Una vez despierto, ya no ves las comparaciones, sino únicamente cómo se expresa el nagual de maneras infinitas, una danza que puedes disfrutar en lugar de temer.

EJERCICIO:
Recuerda que estás soñando

Al miedo le resultará mucho más difícil infiltrarse en tu Sueño Personal si eres consciente de que estás soñando; en otras palabras, si eres consciente de que tu mente tiende a crear historias.

Para evitarlo, a lo largo del día crea el hábito de repetirte en silencio «Estoy soñando». Mientras lo haces, inhala profundamente y mira a tu alrededor. Imagina que contemplas el mundo con ojos nuevos, sin el tinte de tus historias habituales y libre de la carga de los traumas pasados. ¿Quién serías si no tuvieras pasado? ¿Quién serías si no tuvieras ideas fijas sobre el bien o el mal o sobre cómo «deberían» ser las cosas?

Advierte si a tus relatos atemorizantes les cuesta más tomar el control cuando recuerdas que estás soñando, en oposición a cuando estás durmiendo. ¿Puedes mantener esa consciencia durante períodos más largos de tiempo a lo largo de tu día? ¿Puedes llegar a un punto en el que casi nunca olvides que estás soñando?

EJERCICIO:
Pensamientos versus hechos

En ocasiones, el miedo nos hace olvidar que estamos soñando y, antes de que nos demos cuenta, estamos reaccionando a relatos imaginarios en lugar de a la realidad, y nada de lo que alguien nos diga puede hacernos despertar. En este ejercicio, te invito a ser consciente de que estás soñando, sin importar lo intenso que pueda ser el sueño.

La próxima vez que te encuentres afligido por el miedo, la preocupación o la incertidumbre, cuando tu mente esté generando historia tras historia sobre lo que podría suceder, haz una pausa y toma un papel. Traza una línea en medio de la página. A un lado de la línea, escribe la palabra «Pensamientos». Al otro lado, escribe «Hechos».

Por ejemplo, digamos que has estado pasando por un momento difícil en tu relación, y tu pareja decide ir a un viaje de acampada con sus amigos. Debajo del título «Pensamientos» anota todas las fantasías, especulaciones e historias que tu Sueño Personal está intentando imponer sobre la verdad. Sé tan específico como puedas. Quizás se vea así: *Mi pareja desearía estar con alguien más divertido y menos serio que yo, y pasará todo el viaje de acampada con sus amigos pidiéndoles consejos sobre cómo terminar conmigo.* Más adelante será útil tener un registro de qué historia *exacta* te estaba narrando tu sueño.

Debajo del título «Hechos», escribe las acciones básicas de la situación. Por ejemplo: *Mi pareja se encuentra en un viaje de acampada con sus amigos. No tendré noticias sobre él durante algunos días y siento ansiedad.*

Puede resultar útil observar cuáles son los hechos y cuáles son las historias, suposiciones y fantasías que tú has creado. Verlo escrito en papel te permite mantenerte enfocado únicamente en los hechos.

Repite este ejercicio cada vez que te sientas ansioso o preocupado acerca de una situación. Guardar esas páginas te será útil para el próximo ejercicio.

EJERCICIO:
Revisa antiguas historias

Una vez que hayas completado el ejercicio anterior varias veces, vuelve a leer tus listas. Ahora que los sucesos en cuestión ya han pasado, ¿ves algún patrón en tus historias y en los miedos relacionados que surgen en tu Sueño Personal? Por ejemplo, si no dejas de imaginar historias sobre tu relación, eso podría indicar que, en el fondo, tienes miedo al abandono. O si experimentas muchos momentos de ansiedad en relación con las finanzas, podría señalar que sientes miedo a la escasez, o una falta de confianza en tu propia capacidad de satisfacer tus necesidades.

Ser consciente de tus miedos recurrentes te ayudará identificar creencias que no te sirven e inspirarte a actuar y trazar un nuevo camino que no esté ligado a esos hábitos y creencias profundamente arraigados.

CAPÍTULO 4

Felicidad y deseo

¿Alguna vez has tenido la experiencia de estar esperando en una cola para comprarte o inscribirte en algo que realmente deseas y de pronto darte cuenta de que podría agotarse antes de que llegue tu turno? Entonces, a medida que la cola avanza lentamente, comienzas a obsesionarte con la idea de si lo conseguirás o no. Sientes una sensación de urgencia que rápidamente se transforma en temor. Lo que comenzó como un simple deseo por un helado o un asiento en el avión rápidamente se convierte en una especie de intenso sufrimiento mental. Quizás incluso tu mente empiece a inventar historias sobre lo infeliz que serás si no consigues eso que estás esperando.

Es muy probable que hayas experimentado la facilidad con la que el deseo por algo puede transformarse en el temor a no conseguirlo. Piensas en la decepción de no cumplir con tu deseo, y eso hace que ese deseo se vuelva mucho más urgente. Sin embargo, cuando consigues lo que deseas, el placer que sientes ni siquiera dura tanto como esperabas; en algunos casos, ¡pasas más tiempo temiendo no conseguirlo que disfrutando de eso que tanto deseabas!

Según este contexto, puede resultar tentador afirmar que todo el deseo es malo y que debe ser eliminado para superar el miedo. Sin embargo, en la cosmología tolteca, consideramos el deseo como una fuerza creativa útil y productiva, siempre que nos relacionemos con él de manera apropiada. De hecho, creemos que fue el deseo del nagual de experimentar todos los diferentes sabores y colores de la vida lo que creó al mundo entero. En otras palabras, la fuerza vital es el deseo: el deseo de saborear, tocar, ver, escuchar, experimentar y manifestar de una miríada de formas.

Muchas tradiciones espirituales narran alguna versión de la siguiente historia sobre el nagual: al comienzo de los tiempos, la divinidad creó el universo. Sin embargo, dado que el universo y todo lo que había en él era divinidad, no había nadie más con quien esta pudiera jugar, excepto consigo misma. Para resolver este dilema, la divinidad decidió inventar un juego en el que olvidaba quién era. Al hacerlo, podía esconderse en toda clase de personas, animales y cosas, y disfrutar de todos nuestros dramas y aventuras sin aburrirse. Cada tanto, alguna de esas personas despertaba y recordaba que era la divinidad y, tras un encuentro alegre, el juego volvía a comenzar.

Me encanta la imagen de la divinidad (o «creador», «coyote» o como lo llames) escondida en un helecho, una estrella, un ser humano o cualquier otra cosa, simplemente esperando a que alguien la descubra. Este deseo vibrante de existir envuelve al universo entero. Sin este, los peces no nadarían, los árboles no echarían raíces y los seres humanos no se molestarían en cantar, pintar, construir, procrear, comer o emprender las miles de acciones que conforman una vida. El deseo por la belleza, el amor, el significado y la aventura puede inspirarnos a realizar grandes cosas; y también a descubrir nuestra propia naturaleza divina en la forma del nagual. En su sentido más positivo, el deseo literalmente hace que el mundo continúe girando.

En ocasiones, el deseo se desdibuja cuando nos apegamos a los resultados u objetos de ese deseo. En lugar de disfrutar del proceso de pintar, nos preocupa que nuestro trabajo sea lo bastante bueno para exhibirse en un museo o venderse en una galería de arte. En lugar de disfrutar de la experiencia de enamorarnos de una persona nueva, comenzamos a preguntarnos si esa persona se quedará con nosotros para siempre, si nos decepcionará de alguna forma o si terminará abandonándonos. En lugar de permitir que el deseo sea una fuerza creativa en nuestras vidas, y adoptar una actitud abierta y curiosa hacia donde nos guíe, intentamos empujarlo en una determinada dirección. Acumulamos nuestros miedos e inseguridades hasta que el deseo deja de ser una fuerza creativa y se convierte en una herramienta de control. En fin, en lugar de disfrutar del juego cósmico del escondite, nos cruzamos de brazos y nos negamos a jugar, hasta que algún hilo de amor o magia nos vuelve a invitar al juego.

Soltar apegos

En la tradición tolteca, decimos que cuando te apegas a los resultados de tu deseo, condicionas tu felicidad. Porque comienzas a decir: «Necesito que esto suceda para ser feliz» o «Necesito que esta persona me ame para sentirme completo», en lugar de permitir que el deseo siga su curso natural. Hacemos esto porque en lo más profundo tememos necesitar ese objeto o logro para sentirnos completos. Al aferrarnos a los resultados y metas, intentamos respaldar nuestro ego y aliviar esos miedos de manera temporal. Olvidamos que ya estamos completos, más allá de lo que suceda con nuestros deseos.

Muchos de nosotros nos quejamos de estar estancados en nuestras carreras o en ciertas situaciones de vida que no concuerdan con nuestros deseos, pero al mismo tiempo tememos intentar algo nuevo. Estamos apegados a nuestro estatus social, a nuestra seguridad financiera o sentido de la identidad y no queremos arriesgarnos a realizar un cambio. Surge en nosotros un miedo profundo a perder lo que ya tenemos, aun cuando ya no lo queremos más. Queremos avanzar hacia nuestro deseo, pero solo si se nos garantiza la misma posición y seguridad que antes disfrutábamos. Al insertar la frase «solo si», el ego astutamente mantiene el control y convierte nuestros verdaderos deseos en exigencias y apegos.

En general, es nuestra domesticación lo que hace que sea muy difícil distinguir la diferencia entre deseos saludables, que no implican apegos a resultados, y exigencias no saludables, que sí lo hacen. Desde una edad muy temprana nos bombardean con publicidades que nos aseguran que, si compramos las cosas correctas, consumimos los productos correctos, asistimos a los programas educativos correctos y estudiamos las carreras correctas, entonces tendremos la felicidad y el éxito garantizados. A nuestra cultura le fascina instaurar la adquisición de bienes y estatus como la meta máxima, y por esa razón muchos de nosotros escogemos ese objetivo en lugar de nuestra libertad personal. Como consecuencia, nos aferramos a los resultados, en lugar de disfrutar del proceso de exploración y de descubrir hacia dónde nos lleva. No solo eso, sino que aprendemos a temer que, si no conseguimos esos resultados, nunca seremos felices.

Por ejemplo, considera la experiencia de comprarte un coche nuevo. El día en el que recibiste el coche, probablemente te hayas sentido genial, quizás incluso agradecido a la vida. Pero ¿qué sucede después de algunas semanas o meses? De pronto, el coche nuevo ya no te hace sentir lo mismo que antes. En la tradición tolteca diríamos que no es el coche lo que te hizo sentir feliz, sino que tu felicidad estaba ligada al cese temporal del deseo, no al coche en sí mismo. Si fuera el coche lo que te hace feliz, continuaría haciéndolo, día tras día y año tras año.

El hecho de que la felicidad provenga del cese temporal del deseo, en oposición a algún objeto o meta importante, en realidad es algo bueno, ya que indica que la felicidad se encuentra en tu interior y no en el mundo exterior. Como solía decir mi abuela, cada vez que depositamos nuestra fe en algo externo a nosotros mismos, nos estamos preparando para sentir miedo, porque las cosas del mundo fluctúan y se desmoronan de manera constante.

En el Sueño del Planeta actual, casi todas las mentes humanas están entrenadas para llegar a un punto final: creemos que existirá un momento en el que finalmente seremos felices, estaremos seguros, satisfechos o nos sentiremos realizados. Decimos: «*Estaré satisfecho cuando consiga o logre esto*». Sin embargo, a pesar de que alcancemos esas metas, el sentimiento nunca dura demasiado. En cambio, pronto descubrimos que en nuestras vidas existe tanta incertidumbre como antes.

Este es el dilema del deseo. Nunca nos sentimos satisfechos por mucho tiempo. Nuestra meta, entonces, consiste en recordar que está bien desear cosas, siempre y cuando intentemos no apegarnos al hecho de conseguirlas, en recordar que no nos completan ni pueden completarnos. Si tememos no alcanzar nuestros deseos, eso significa que nos hemos apegado demasiado a ellos.

A medida que comienzas a analizar tu deseo, recuerda que no ganas nada mintiéndote a ti mismo al decirte «En realidad no quiero eso», cuando en realidad lo deseas. En cambio, trabajar con el deseo es una invitación para ser honesto contigo mismo y aceptar que deseas algo, a la vez que te recuerdas que alcanzar ese objeto de deseo no te hará feliz a largo plazo. El objetivo es cultivar la habilidad de conectar con un deseo en un momento en el tiempo, recordar que es finito y disfrutar del momento sin temer su pérdida. De esa manera podremos conectar con el deseo sin sentir un apego poco saludable.

Deseos egoístas y altruistas

Otra forma de evaluar tus deseos es haciéndote la siguiente pregunta: ¿es egoísta o no? Esta es una habilidad desperdiciada en el mundo moderno, donde el mensaje de la sociedad suele basarse en la escasez y la competitividad. En el Sueño del Planeta actual, quizás hayas sido domesticado para obtener algo que deseas antes de que alguien más lo haga, o acumular riqueza y aprovechar oportunidades sin considerar el impacto que eso ejerce sobre los demás o sobre el planeta.

No me malinterpretes, los deseos personales no son inherentemente malos. En general, la cosas que deseamos son en su mayoría razonables: buena comida, un trabajo gratificante, relaciones felices. Aun así, resulta útil hacer una pausa a diario y preguntarse si cumplir nuestro deseo perjudicará a otra persona o a la comunidad en su conjunto y, de ser necesario, moderar nuestros impulsos en consecuencia.

Un ejemplo simple de cómo podemos contener nuestros deseos personales en beneficio del bien social es respetar los espacios de aparcamiento para personas con discapacidad, que siempre están ubicados cerca de las entradas a las tiendas. La mayoría reconoce que una persona que lleva muletas o utiliza una silla de ruedas necesita un lugar «mejor» de aparcamiento que el resto de nosotros y, por lo tanto, estamos dispuestos a aparcar más lejos en lugar de hacerlo en un espacio reservado para alguien con problemas de movilidad. En general, no es la amenaza de una multa lo que impide que ocupemos un espacio reservado, sino nuestro sentido del bien y el mal. Somos conscientes de que la ventaja que obtenemos al cumplir con ese deseo no vale la dificultad que le ocasionará a otra persona.

En algunos casos, hacemos un gran esfuerzo para esconder nuestros deseos egoístas de nosotros mismos. Decimos: «Claro que sí, me compraré una casa más grande de lo que necesito; así cuando mi hermano y sus hijos vengan a visitarme en Navidad disfrutarán del espacio extra. En realidad, es para ellos, no para mí». Cuando eso sucede, podemos hacer una pausa y preguntarnos si cumplir con ese deseo es de verdad necesario para una vida feliz y sana o si podemos tomar una decisión que beneficie a un número de seres incluso mayor.

Desear sin miedo

Existe la idea errónea de que los líderes espirituales y los llamados «maestros iluminados» se han despojado de todo deseo. Los sacerdotes católicos no se casan; algunos budistas no comen carne ni beben alcohol; los ascetas hindúes suelen deshacerse de las comodidades básicas, como zapatos o ropa. Uno podría asumir que, habiéndose despojado de todos los deseos personales, disfrutan de unas vidas felices de simplicidad dedicadas al servicio de los demás y a la adoración a Dios. Si bien esto puede ser cierto en algunos casos, lo que sucede con mayor frecuencia es que, lejos de estar *libres* de deseo, simplemente ya no están controlados ni definidos por él. En otras palabras, han alcanzado una etapa en donde sienten deseo, *pero comprenden que la satisfacción de ese deseo no los completa.*

Para algunos esto puede parecer una meta espiritual inalcanzable, pero apuesto a que ya lo han experimentado en sus vidas, como muestra el siguiente ejemplo.

¿Recuerdas cuando eras niño y ansiabas algo nuevo con lo que jugar, quizás un muñeco de G. I. Joe, una Barbie o un videojuego? En un momento de tu vida, deseaste algo así con tanto anhelo que te mantenía despierto por las noches, y quizá te sentiste muy emocionado al recibirlo y, si no fue así, puede que te causara una gran decepción. Sin embargo, si te ofreciera el mismo juguete ahora mismo, es probable que lo rechazaras sin dudarlo. No conseguirlo no generaría miedo en tu interior, ya que ahora consideras que ese juguete no es importante o necesario para tu felicidad. Has experimentado crecimiento y cambio, y genuinamente sabes que tenerlo ahora no es algo necesario para tu felicidad.

No obstante, compara cómo te sientes cuando te ofrezco un juguete a cómo te sientes si lo que te ofrezco es un fin de semana largo en las Bahamas, o algún otro objeto, meta o experiencia que te resulte tentadora ahora que eres adulto. Con seguridad sentirás una oleada de deseo por obtener el objeto o la experiencia, pero te aseguro que tras obtener lo que deseas ese entusiasmo no te satisfaría por mucho tiempo. Un vistazo rápido a las vidas de las personas más ricas del planeta lo confirma fácilmente: adquieren bienes lujosos, compran y venden megamansiones y viajan a destinos exóticos de manera constante.

El día en el que puedas contemplar tus deseos con la misma indiferencia con la que recuerdas un juguete de la infancia sabrás que has alcanzado el fin del miedo. Significa que sabes, en lo más profundo de tu ser, lo que Jesús, Buda, Krishna y otros maestros espirituales de otras tradiciones ya han descubierto: tú eres el nagual y el nagual está en ti. No hay nada que debas adquirir para completarte, porque ya estás completo en este mismo momento. Que quede claro, esto no significa que ya no experimentes deseos, solo que te sentirás igualmente feliz tanto si consigues algo como si no lo haces.

Una de mis citas favoritas del texto sagrado hindú Bhagavad Gita es: «El desapego no significa que no posees nada, sino que nada te posee a ti». Para mí, esta cita se relaciona profundamente con vivir en el momento presente. Nuestros deseos nos controlan en la medida en que nos aferramos al pasado —ya sea a una identidad o a una época anteriores, a una cantidad de dinero que hemos invertido o a un estatus que hemos construido— o al futuro, cuando imponemos condiciones sobre lo que creemos que deberíamos tener para ser felices. En el momento en que vivimos con plenitud en el presente, ese control se disuelve, y el mundo se vuelve completamente nuevo.

Imagina que pudieras desear algo con mucho fervor y aun así no sentir miedo o ansiedad sobre si lo conseguirás o no. Imagina que pudieras adquirir algo invaluable y aun así no sentir miedo o ansiedad por perderlo. En la tradición tolteca afirmamos que tú ya posees el regalo invaluable, la energía nagual de tu interior, y no existe forma de perderla, ya que es sinónimo de ti mismo. El miedo, por definición, aparece al ignorar esa verdad y permitir que nuestra consciencia de ella quede opacada por nuestra identificación con el *tonal*, o la materia física. Poner el foco en el tonal es la domesticación más grande de todas.

Recordar que somos el nagual es lo que nos conecta con el deseo puro, con ese deseo infinitamente creativo y productivo del nagual que manifiesta el origen del universo. El deseo puro existe en el momento presente, independientemente de un pasado o futuro imaginarios. El deseo puro no se apega a resultados, sino que crea como una vid que se siente atraída naturalmente por el sol.

En general, nadie experimenta el deseo de esa manera. En cambio, sentimos una obsesión o un deseo unido a un resultado en particular. Hemos ligado nuestra paz interior a la satisfacción de algún deseo, y no aceptamos no recibir lo que anhelamos, ya sea un objeto material, la aprobación de los demás o el cumplimiento de alguna meta. Creemos que obtener el resultado que deseamos hará que nuestra vida sea mejor o más valiosa que si obtenemos cualquier otro resultado, y olvidamos que el nagual o fuerza vital se encuentra presente en todas las situaciones y en todos los resultados. En lugar de amar a los demás y a la vida incondicionalmente, nos convencemos de que amaremos la vida solo si conseguimos aquello que queremos.

Desear sin miedo es lo mismo que amar la vida incondicionalmente. Y amar la vida sin condiciones es el secreto que los yoguis, monjes y sabios de todas las tradiciones nos han estado enseñando durante miles de años.

EJERCICIO:
Suelta el miedo

Con frecuencia, no advertimos la faceta sombría del miedo que acecha detrás de nuestros deseos. En este ejercicio, te invito a descubrir las condiciones ocultas que impones a tus deseos y a liberarte de ellas para siempre.

En primer lugar, haz una lista de tus deseos más intensos. Puedes incluir cosas como adquirir seguridad financiera o estatus social, tener hijos, una carrera profesional determinada o una gran aventura. A continuación, pregúntate si sientes temor o ansiedad en relación con esos deseos. ¿Qué temes que sucederá si no consigues lo que quieres?

Ahora piensa en un momento de tu vida *anterior* a ese deseo, aunque eso signifique viajar a tu infancia. Recuerda que alguna vez experimentaste felicidad y satisfacción antes de que tuvieras ese deseo. Acabas de probarte a ti mismo que eres capaz de ser feliz y sentirte realizado, incluso, sin eso que ahora anhelas.

Cada vez que sientas ansiedad o miedo de no alcanzar lo que anhelas, recuerda de manera consciente lo feliz que has sido en el pasado, aun antes de que surgiera ese deseo. Al repetir esta práctica, puedes aprender a desear sin sentir temor.

EJERCICIO:
Renuncia a tus deseos

Muchos de nosotros nos dejamos llevar por nuestros deseos y, en esa búsqueda incesante por cumplirlos, no nos detenemos a considerar lo que de verdad nos hace felices. A lo largo del día surgen deseos como la comida, el sexo, las distracciones y el entretenimiento, y a menudo respondemos ante ellos de forma automática, por lo que pasamos a la acción para satisfacerlos tan pronto como podemos.

La próxima vez que te encuentres en posición de obtener algo que realmente deseas, te aliento a que lo rechaces solo por romper con el hábito. Por ejemplo, si normalmente dices que sí al postre después de la cena los domingos, esta vez recházalo. Si normalmente te relajas en el sofá viendo una serie de televisión después del trabajo, limpia la cocina. Advierte que no cumplir con cada deseo no significa la muerte de nadie.

Al realizar esta práctica con regularidad, recuperarás tu poder y comenzarás a eliminar el miedo que te genera no conseguir lo que deseas.

EJERCICIO:
Aprecia lo que no has escogido

A veces, terminamos en una situación que es *opuesta* a lo que queríamos, solo para descubrir que es aún mejor de lo que originalmente habíamos deseado. En este ejercicio, te invito a desarrollar el hábito de reflexionar sobre todas las veces que no conseguiste lo que querías, y celebrar esas experiencias.

En primer lugar, piensa en una situación en la que en un principio hayas opuesto resistencia, pero que resultó bien al final; por ejemplo, una mudanza a una ciudad nueva o un trabajo que no estaba en los planes de tu carrera profesional. A continuación, permítete recordar todas las cosas maravillosas que llegaron a tu vida como resultado de ese cambio «no deseado»: amigos nuevos, pasatiempos interesantes y un camino de vida significativo. Permítete sentir sorpresa y admiración, y ríndete frente a los caminos misteriosos por los que te condujo el nagual para que te encontraras aquí en el presente. ¿Puedes vivir con una mayor confianza en la vida ahora que ya sabes que no obtener lo que deseabas puede resultar tan bien?

CAPÍTULO 5

Amor incondicional y aceptación

La palabra «amor» es una de las más poderosas y también una de las que más se utilizan en exceso. Por otro lado, decir «Te amo» puede ser uno de los actos más valientes de la vida. Sin embargo, también utilizamos la palabra «amor» para hablar sobre nuestros restaurantes, programas televisivos y sabores de helado favoritos.

Puesto que la palabra «amor» se emplea para referirse tanto a las experiencias y sentimientos más significativos de nuestras vidas como a los más efímeros, un extraterrestre estaría en apuros a la hora de identificar exactamente qué es lo que significa esta cuestión de amar. Lo más probable es que concluya que la palabra «amor» es sinónimo de disfrute: el disfrute de una relación, un lugar, una experiencia, una situación o un objeto.

Sin embargo, como sabe cualquier terrícola, el amor es más complicado que el mero disfrute. Después de todo, no dejamos de amar a nuestros hijos en aquellos días en los que se está acumulando la ropa sucia o la basura y apenas tenemos cinco minutos para nosotros mismos. Tampoco dejamos de amar a nuestros perros y gatos cuando mastican nuestros zapatos o vomitan en la alfombra. Ya se trate de un matrimonio, una amistad o una relación con un hermano, cualquier conexión duradera y significativa implicará momentos difíciles que no generan ninguna clase de satisfacción y, sin embargo, el amor perdura.

En su forma más profunda, el amor es un lazo emocional y espiritual que trasciende el mero placer y disfrute. De hecho, el amor nos da fuerza para hacer cosas que distan de ser placenteras, como realizar sacrificios dolorosos para que nuestros hijos o pareja tengan lo necesario para prosperar, o acompañar a un amigo cuando no resulta muy agradable estar a su lado. Es nuestro amor por una persona lo que nos hace echarla de menos cuando no está cerca, preocuparnos por ella cuando está enferma o hacer el duelo cuando muere. En ese sentido, el amor se encuentra inexorablemente ligado a emociones como la tristeza y el dolor, así como con estados de ansiedad, celos y temor.

Lo opuesto al miedo

En general, se dice que lo opuesto al miedo es el amor y, en gran medida, eso es cierto. No obstante, amar a otra persona también puede despertarnos temores más profundos a salir heridos o a que nos abandonen y, como consecuencia, las relaciones con nuestros seres queridos pueden convertirse en una intensa fuente de sufrimiento. A la sensación exultante de enamorarse puede seguirle el temor a que la otra persona nos abandone. O, si sentimos que nos superan nuestras inseguridades más profundas, quizás temamos que los demás descubran que en realidad no estamos actuando como se espera y no somos dignos de amor.

De no ser conscientes de esta tendencia, es probable que intentemos evitar ese temido desenlace aparentando una imagen perfecta de nosotros mismos frente a la persona que amamos. Nos convencemos de que, si lucimos y actuamos de manera perfecta, esa persona no tendrá motivos para abandonarnos. Aunque quizás no se sienta así, este es en realidad un intento por controlar y manipular a los demás, y limitar su propio poder de decisión. En otras palabras, se trata de un comportamiento arraigado en el miedo.

Con la misma frecuencia, la marea también nos lleva hacia el otro extremo. A medida que las sustancias químicas apasionantes del amor incipiente comienzan a desvanecerse, es común que también aparezcan temores sobre la persona con la que estamos: ¿Es verdaderamente quien yo creo que es? ¿Será esta persona todo lo que yo soñé? ¿Y si me pide algo que yo no quiero dar? ¿Y si me hace ver un aspecto de mí mismo que me resulta incómodo o me impulsa a sanar una antigua herida que yo preferiría dejar enterrada?

Lo mismo puede suceder con el amor que un padre siente por su hijo. Cuando llega un bebé al mundo, sentimos cómo nos invade una corriente de felicidad. Sin embargo, a medida que crece y comienza a afianzar su propia identidad y a tomar sus decisiones, ese amor puede entremezclarse con el miedo. ¿Qué sucede si se comporta de maneras irrespetuosas? ¿Y si se mete en problemas? ¿Y si tenemos puntos de vista diferentes sobre cómo debería vivir su vida cada uno?

Cuando nuestro amor no logra mágicamente disolver esas dificultades o hacer que nuestros miedos desaparezcan, creemos que hay algo malo con la relación, pero en general somos nosotros quienes imponemos condiciones a ese amor. Es probable que muchos lectores tengan alguna idea de lo que quiero decir cuando utilizo las palabras «amor condicional» e «incondicional». Pero hagamos una pequeña pausa y analicemos su significado con mayor profundidad.

Al practicar el amor incondicional, reconocemos que el nagual fluye en todos los seres vivos y está presente en todas las situaciones. Sin importar si una persona o situación es agradable o desagradable, sencilla o desafiante, el nagual se encuentra allí, y a través de los ojos del amor incondicional somos capaces de percibirlo y honrarlo. En otras palabras, más allá de si una pareja, hijo, vecino o un extraño está actuando de una manera que te agrade o desagrade, el nagual se encuentra igualmente presente, y esa persona merece amor del mismo modo.

Mientras caminas por un bosque sano, resulta sencillo identificar que todos los árboles, arbustos y flores comparten la misma fuerza vital. Puedes maravillarte ante la belleza y diversidad de la vegetación que te rodea y ver cómo cada parte forma un todo. Estar en el bosque podría llenarte de una sensación de belleza y armonía que, con suerte, permanecerá contigo mucho tiempo después de que hayas regresado a tu entorno habitual. Y aprender a reconocer el nagual en todos los seres y situaciones extiende esa hermosa sensación a toda la vida: esa es la esencia del amor incondicional.

Por el contrario, el amor condicional es un estado en el que nos cuesta percibir el nagual en determinadas personas, cualidades o situaciones y hasta aseveramos que es imposible que pueda habitar allí. Observas el desastre que tu prima está haciendo con su vida y sientes que solo puedes juzgar y culpar; o te niegas a hablar con tu hermana hasta que ella se disculpe por cada incidente de la infancia que aún te hace sentir resentimiento y te pague hasta el último centavo que te debe. En general, el amor condicional suele ir acompañado de fuertes sentimientos de superioridad y autojustificación. La idea de ser amable con esa persona o perdonarla se siente inconcebible e injusta, dadas las circunstancias. Solemos pensar: *Por supuesto que la quiero, pero necesito que haga tal y tal cosa…*

Desde luego, la forma más común con la que practicamos el amor condicional es con nosotros mismos. Cuando cometemos un error, hacemos un trabajo poco satisfactorio o fallamos en alcanzar una meta, pensamos: «¡Patético! Con razón no has logrado esto o conseguido lo otro». Nos consideramos a nosotros mismos como proyectos que debemos completar o máquinas que arreglar, en lugar de como manifestaciones vivientes del nagual.

Mi hermano Jose pasó por un momento muy difícil en su juventud, el cual relata en su libro *Mi amiga la serpiente*, donde se enfrentó a su adicción a las drogas. Ese fue un momento de gran temor en nuestra familia. Nos preocupábamos por él de manera constante y a menudo deseábamos poder quitarle su poder de decisión, ya que temíamos que se lastimara a sí mismo o que incluso muriera. Sin embargo, mi padre siempre insistía en que debíamos dejar que Jose encontrara su propio camino. Podíamos ofrecerle nuestro amor, pero no podíamos obligarlo a vivir una vida que él no eligiera. Mi padre veía el nagual en Jose hasta en sus momentos más oscuros. Él nos enseñaba a amar incondicionalmente a través de su compromiso con la aceptación en lugar del control.

Por supuesto, esto no significa que mi padre no haya establecido límites sobre lo que era un comportamiento aceptable ni tampoco que no haya tenido miedo de lo que pudiera sucederle a Jose, pero en ambos casos sabía que poner a su miedo al cargo no ayudaría a nadie. Más bien lo contrario: permitir que el miedo tomara el control hubiera hecho que se entrometiera el amor condicional, la clase de amor que en última instancia dice: «Te quiero solo si haces estas cosas y dejas de hacer estas otras; si cumples con mis expectativas y nunca me hieres».

Lo opuesto al miedo no es el amor como se lo concibe comúnmente; lo opuesto al miedo es el amor *incondicional*. Aceptación. Empatía. En otras palabras, lo opuesto al miedo es un amor que acepta la incomodidad, la incertidumbre, la pérdida y el dolor. Muchos de nosotros creemos que practicamos el amor incondicional, solo para luego descubrir que hemos estado imponiendo condiciones sin ni siquiera darnos cuenta de ello. Cuando sentimos la dicha del romance y del enamoramiento, o al cargar a nuestro recién nacido en brazos por primera vez, nos imaginamos permaneciendo en ese estado de felicidad para siempre. Cuando surge una dificultad, como una traición, una decepción o una simple diferencia de opiniones, descubrimos que nuestro estado de felicidad ha sido invadido por la ansiedad, el enfado o el resentimiento; todos ellos sentimientos arraigados en el miedo.

El amor condicional solo ve lo que quiere ver y proyecta sobre la vida y las personas que amamos una imagen de cómo deberían ser, y las castigan si no están a la altura de esos estándares. El amor incondicional es la voluntad de ver la vida como un todo, incluidas a las personas que amamos, pero aceptándola como realmente es en lugar de como desearíamos que fuera.

Cultivar el amor incondicional

Los antiguos griegos tenían una palabra especial para el amor incondicional: «agape». Para ellos, esto representaba una clase de amor caracterizado por el autosacrificio y la indiferencia a las condiciones, la clase de amor que imaginaban que Dios sentía por los seres humanos. Otras tradiciones comparten ideas similares. El Bhagavad Gita describe el amor incondicional como la devoción que no flaquea frente a la angustia o la decepción, y que no se apega a resultados. La palabra budista *metta* se refiere a un estado de amabilidad y bondad hacia todos los seres humanos y todas las experiencias, ya sean cómodas o incómodas, agradables o desagradables.

El amor incondicional es un estado que las tradiciones espirituales han promovido y reconocido como transformador durante milenios. Sin embargo, las mismas tradiciones también reconocen lo difícil que puede ser alcanzarlo. Atribuimos esa clase de amor a los dioses, diosas y fundadores de tradiciones espirituales y religiosas, puesto que sabemos lo difícil que resulta encarnar sus ideales en un cuerpo y una mente humanos. Anhelamos ser capaces de amar incondicionalmente, incluso cuando luchamos con las experiencias humanas de los celos, el estrés y, sí, el miedo.

Sabiendo lo difícil que puede ser practicar el amor incondicional, ¿por dónde hemos de comenzar? Aquí es donde nuestra práctica de acechar a la mente vuelve a entrar en acción. El amor condicional a menudo se caracteriza por una resistencia en diferentes niveles: quizás sientas una sensación de endurecimiento en el corazón cuando hablas con una determinada persona; quizás ese endurecimiento esté acompañado por historias sobre cómo esa persona no se está esforzando lo suficiente, y por emociones como la decepción, la frustración y el dolor. Si tomas un poco de distancia, verás que todo tu ser se acoraza, tal vez debido al miedo de salir herido o de que alguien se aproveche de ti.

En el instante en el que identificas que el miedo está generando amor condicional, todo cambia. Desde la posición del observador es fácil darse cuenta de que cerrar tu corazón o emitir juicios mentales en realidad no te protegerá; lo mismo que sujetar con fuerza el volante tampoco te garantiza la seguridad al conducir un coche. El amor condicional puede parecer autoprotección o también fortaleza interna, pero si indagas un poco más, descubrirás que todo gira en torno al miedo. Pregúntate: «¿De qué me estoy protegiendo? ¿Qué resultado creo que puedo evitar al cerrarme de esta manera?».

El simple hecho de reconocer que te sientes atemorizado y vulnerable puede abrirte camino para sentir seguridad, y resulta mucho más sencillo practicar el amor incondicional cuando te sientes seguro que cuando te sientes amenazado. Si estás conduciendo un coche en una carretera congelada, sentirte relajado, concentrado y presente puede ser de gran ayuda. Lo mismo sucede con la práctica del amor incondicional en situaciones desafiantes que siempre surgen en todas las relaciones humanas.

El coraje de amar

El amor incondicional no significa que no debas fijar límites ni que cada acción que tomes deba hacer feliz a los demás. Solemos creer que el amor incondicional implica convertirnos en una fuente inagotable de alegría y afecto por quienes nos rodean, y que una sonrisa perfecta los ayudará a ser perfectamente felices. Sin embargo, algunas veces este tipo de amor significa tomar medidas que harán enfadar a otra persona o que puede que la hagan acusarte de haberla herido. (Si alguna vez intentaste quitarle una galleta a un niño que tiene alergia, ¡sabes a lo que me refiero! En ese caso, la acción correcta es evidente y la incomodidad generada es breve. Pero, como todos sabemos, ese no siempre es el caso).

Tengo un querido amigo cuya hija se había vuelto adicta a los medicamentos recetados y a la marihuana. Para todos en la familia era evidente que su consumo de sustancias se había convertido en un problema, y después de algunos días de tolerar su comportamiento errático y de caminar de puntillas a su alrededor, mi amigo se acercó a su hija y le dijo que creía que había desarrollado una adicción. Su hija lo negó con vehemencia.

Él sabía que su hija necesitaba ayuda, pero también reconocía que era importante que no se sintiera juzgada o avergonzada, ya que eso solo la haría alejarse. Mi amigo decidió organizar una intervención reuniendo a varios familiares para alentarla a asistir a rehabilitación. Sin embargo, se aseguró de que todos los involucrados supieran que el objetivo principal de esa conversación sería demostrarle su amor incondicional.

El día de la intervención, los miembros de la familia llegaron al apartamento de su hija con cartas en las que relataban el comportamiento y los problemas de salud que habían detectado en ella durante los dos años previos. Antes de la reunión, mi amigo había contactado con un centro de rehabilitación y había acordado llevarles a su hija si ella así lo decidía. Después de unos momentos tensos repletos de lágrimas por parte de todos los presentes, su hija aceptó rehabilitarse. Mi amigo estaba exultante porque la familia había logrado convencerla y porque todos se habían mantenido fieles a los principios del amor incondicional.

Por desgracia, dos días más tarde su hija abandonó el programa con la justificación de que, a diferencia de los adictos «reales» del centro, ella no tenía un problema. Continuó consumiendo drogas, y mi amigo se quedó descifrando cómo el amor incondicional le haría actuar a continuación. En el momento de la escritura de este libro, ella aún continúa consumiendo. Al igual que mi padre con Jose, mi amigo sigue comprometido a interactuar con ella desde un lugar de amor incondicional. Para él, esto significa establecer límites claros sobre cuándo y cómo se encuentran, y abstenerse de verla cuando ella se encuentra bajo la influencia de las drogas o se comporta de manera errática. Procura no avergonzarla cuando se reúnen y también asiste a grupos de apoyo para familiares de personas con adicciones. Mantiene una actitud de apertura con sus propios sentimientos de tristeza y pérdida, que comparte con los demás, pero también se recuerda a sí mismo que su hija se encuentra en su propio camino, que el nagual universal y el nagual de su interior la protegen, y que lo que sea que suceda finalmente será para el bien de todos los involucrados.

Al igual que le pasó a mi amigo, existirán momentos en los que debas lidiar con una situación intensa, en que las emociones se desborden y el mejor plan de acción no siempre esté marcado. En situaciones como esas, siempre puedes hacer una pausa y preguntarte: ¿Lo que estoy a punto de decir o hacer proviene de un lugar de amor incondicional o de un lugar de temor? Si la respuesta es «temor», esfuérzate cuanto puedas por contenerte, a pesar de que eso signifique no hacer nada. Dale algo de tiempo a tu sistema nervioso para que se calme, haz lo que puedas para establecer una sensación de seguridad en tu interior e intenta no hablar o actuar hasta que puedas hacerlo desde un lugar de amor incondicional.

Como sabe cualquier padre, y como demuestra la experiencia de mi amigo, el amor incondicional a veces entra en conflicto con el deseo de agradar a los demás. En algunos casos, esta clase de amor requiere que te mantengas firme cuando crees que estás haciendo lo correcto y no cedas frente a lo que otros dicen que desean. Al crear y mantener límites con tus seres queridos, es probable que debas aceptar algo de incomodidad e incluso dolor. Lo que es peor, quizás debas aceptar el hecho de que no puedes obligar a los demás a comprender o ver las cosas a tu manera, y no puedes cambiar la historia que ellos se cuentan en sus propias cabezas.

En momentos como esos es importante recordar que la confianza es esencial para cultivar el amor incondicional. Suelo afirmar que lo opuesto al miedo no es el amor, sino la confianza, algo sobre lo que hablaremos en detalle en el próximo capítulo. A pesar de que no parezca que las cosas vayan a funcionar desde esa postura, la confianza puede ayudarte a mantener el curso y a darte la certeza de que el nagual encontrará el camino.

Si bien las cosas pueden no parecer armoniosas o justas de inmediato, con el paso del tiempo podemos confiar en que las semillas del amor incondicional darán su fruto. Nuestro trabajo es plantarlas. Confiar en la vida nos brinda la libertad de amar incondicionalmente y la paciencia para permitir que afloren los resultados de nuestras acciones. Y aunque sientas una punzada instantánea de temor cuando actúes con benevolencia y eso moleste a otra persona, puedes confiar en que tus esfuerzos algún día darán fruto de la manera más inesperada.

EJERCICIO:
Enamórate de la vida

Es muy sencillo enamorarse de los aspectos agradables de la vida, como conocer a una maravillosa persona, disfrutar de una comida deliciosa o mudarte a un hogar agradable. Pero muy pocos de nosotros nos damos cuenta de que también podemos enamorarnos de los aspectos incómodos de nuestras experiencias, ya que sabemos que pueden contener bendiciones ocultas que aún no comprendemos.

Piensa en una experiencia que asocies con el miedo; por ejemplo, hacerte un arreglo dental, quedar atascado en el tránsito, luchar contra el insomnio o consolar a un miembro de tu familia sobre un tema sensible. Ahora inunda de amor esa experiencia. En tus pensamientos, palabras y acciones, considérala como una oportunidad en lugar de como un flagelo del que debes huir. Permítete considerar el resultado más maravilloso posible de pasar por esa experiencia. Permítete sentir gratitud por los beneficios que esa experiencia podría traer a tu vida. ¿Qué cambia en tu cuerpo y mente cuando disuelves tu resistencia a los aspectos incómodos de la vida y los amas incondicionalmente?

EJERCICIO:
Ama sin miedo

Piensa en una persona que temas mucho perder, ya sea tu pareja, tu hijo o tu mejor amigo. Ahora imagina que esa persona vive una vida completamente diferente y de la que tú no eres parte. Por ejemplo, podrías ver a tu pareja casada con otra persona, que vive en una ciudad diferente y tiene un trabajo distinto. Y, además, imagina que esa persona se siente maravillosamente feliz en esa vida alternativa. Puedes exagerar imaginando una vida en la que cada uno de sus deseos sea realidad. Advierte que tu capacidad de proyectar la vida perfecta para esa persona surge del amor que sientes por ella. Identifica si algo de la ansiedad que sientes por perderla queda superada por la felicidad de imaginarla viviendo esa vida perfecta.

Del mismo modo que puedes pensar en una vida feliz para tu pareja o amigo en la que tú no estás presente, debes saber que tú también puedes encontrar amor y felicidad en innumerables futuros posibles, sin importar si esa persona permanece a tu lado para siempre o si tu vida sigue el rumbo que esperabas.

EJERCICIO:
Aférrate al amor

Escribe una lista de todas las personas de tu vida que te han demostrado amor. Incluye aquellas con las que compartes una relación desde hace muchos años, como tus padres o tu cónyuge, pero también viejos amigos y conocidos con los que hayas perdido el contacto y desconocidos con los que te hayas cruzado por un instante, pero que iluminaron tu día de una forma memorable.

Seguramente ya hayas vivido la experiencia de perder a alguien que amas, aunque solo sea porque interactuaste con esa persona durante un corto tiempo o porque apenas la conocías. Más allá de si lo adviertes de forma consciente o no, lograste avanzar a pesar de esa pérdida y encontraste el amor una y otra vez. Y, por supuesto, también es cierto que ese amor que recibiste de esa persona, por un día o una vida, nunca se desvaneció. Aún vive en tu corazón cuando lo recuerdas.

¿Cómo se siente reconocer el hecho de que una relación puede cambiar o terminar y aun así poder sentir amor? ¿Puedes conectar con el amor incondicional que existe en este momento en lugar de considerar el amor como una posesión o una experiencia pasada a la que uno deba aferrarse? Ese es el amor que proviene de tu interior. Así como tu mente y cuerpo solo existen porque tú estás aquí para darles vida, tu amor también existe porque tú existes. Sin ti nada de ese amor sería posible. Tú eres la fuente de amor de tu propia vida.

CAPÍTULO 6

Confianza y *temachia*

Si alguna vez has intentado deshacerte de un hábito, como morderte las uñas o utilizar demasiado el móvil, seguro que no has tardado en darte cuenta de que debías ocupar las manos con algo más, ya sea resolver crucigramas, tejer o quitar la maleza del jardín. Lo mismo sucede con el miedo. A medida que adquirimos consciencia sobre nuestros miedos psicológicos para luego liberarnos de ellos, es importante reemplazar esos miedos con algo más, porque de lo contrario nos arriesgamos a dejar un vacío en el que el miedo puede fácilmente volver a infiltrarse. Por lo tanto, a medida que trabajamos para desmantelar esos innecesarios miedos psicológicos, también debemos establecer una presencia poderosa en su lugar: una fe inquebrantable en nosotros mismos y en la vida.

Para algunos de nosotros, la palabra «fe» está teñida de connotaciones religiosas o asociada con el pensamiento mágico y la negación de la ciencia. A lo largo de los años he tenido estudiantes que se estremecían ante cualquier mención de la palabra, ya que crecieron en un entorno en el que la fe se utilizaba como herramienta principal de domesticación y estaba cargada de miedo, culpa y castigo para quienquiera que se atreviera a cuestionarla.

Por esta razón, quiero aclarar que en la tradición tolteca la fe se refiere a una confianza completa e incondicional en la vida y en ti mismo, no una adherencia ciega a cualquier religión o credo en particular. La pregunta entonces es: ¿A qué me refiero con confiar en la vida y en ti mismo?

Para explicar el papel de la confianza no puedo pensar en un mejor ejemplo que el de mi abuela, Madre Sarita, una curandera o sanadora de fe muy reconocida que fundó y dirigió durante muchos años un centro de sanación ampliamente respetado en San Diego. Su capacidad para ayudar a sanar a las personas la volvió tan conocida que se escribieron artículos sobre ella en los periódicos; fue entrevistada por la filial local de la NBC, y la incluyeron en el Salón de la Fama de las Mujeres de San Diego un año antes de su fallecimiento en el 2008 a la edad de noventa y ocho años.

Pero esa es solo la mitad de su historia.

Sarita nació en 1910 en el pueblo de Juanacatlán, Jalisco, en el área central del sur de México. Se casó a los catorce años y comenzó a trabajar en una fábrica textil; a los quince dio a luz al primero de sus trece hijos, a quien crio mientras continuaba trabajando en una sucesión de empleos fabriles mal pagados. El abuelo de Sarita, don Exiquio, era un nagual en la tradición tolteca. Siendo ella niña, el abuelo le había enseñado sobre el linaje de nuestra familia, pero cuando Sarita se casó y comenzó a trabajar tenía muy poco tiempo e interés en las prácticas de nuestros ancestros. Más adelante, ella y su esposo se mudaron a la ciudad, y sus hijos siguieron carreras y profesiones en el ámbito de la ciencia y la medicina, algo muy alejado de la tradición tolteca en la que Sarita había crecido.

Sin embargo, a los cincuenta años, Sarita tuvo problemas de salud que iniciaron un capítulo nuevo en su vida. Había comenzado a sentir dolores en el pecho y le diagnosticaron un soplo cardíaco, a consecuencia de unos cálculos biliares. La cirugía propuesta por los médicos en esa época era muy arriesgada y, como alternativa, la madre de Sarita le insistió en que visitara un templo de sanación espiritual. Sarita se mostró escéptica. Por aquel entonces, ella llevaba varias décadas completamente inmersa en la cosmovisión occidental y se preguntaba: «Si los médicos no pueden ayudarme, ¿qué pueden hacer esos ignorantes?». Aun así, decidió visitar el templo.

Allí conoció a un curandero llamado Petra Castro, quien le sugirió que se sometiera a lo que él llamaba una «cirugía psíquica»; una forma de sanación energética en la que no se abre ninguna parte del cuerpo. Una vez más, Sarita respondió con escepticismo: ¿cómo podría Petra hacer algo para curar sus cálculos sin siquiera quitarlos? Esa no era medicina real, sino una simple farsa. Aun así, su enfermedad estaba empeorando, y dada la insistencia de su madre y las pocas desventajas de darle una oportunidad al nuevo tratamiento, Sarita accedió a probarlo.

Durante la cirugía psíquica, ella entró en una especie de trance en el que vio cómo un médico y una enfermera le extraían los cálculos. Incluso podía escuchar cómo cada cálculo individual emitía un sonido metálico cuando el médico lo depositaba sobre una bandeja. Las visiones fueron tan realistas que, cuando terminó la cirugía, no podía creer que nadie en realidad le hubiera quitado los cálculos. Finalmente, logró recuperarse por completo, y la experiencia le resultó transformadora. A partir de entonces, decidió convertirse en aprendiz de Petra, y volvió a estudiar la tradición tolteca con su padre, don Leonardo, quien también era nagual de la tradición tolteca. Cuando completó su proceso de aprendizaje, dedicó el resto de su vida a sanar a los demás mediante la utilización de técnicas similares, hasta que, finalmente, fundó un centro de sanación en San Diego, donde atendió a cientos de personas cada año.

De adolescente, a menudo traducía a mi abuela cuando ella dictaba sus clases, impartía sermones o realizaba sanaciones de fe. Siempre me sorprendió la absoluta confianza con la que Madre Sarita realizaba su trabajo. Me resultaba evidente que ella esperaba con certeza que sus sanaciones tuvieran el resultado deseado. No solo eso, sino que tenía la total seguridad de que su intención era fundamental, tan esencial que podía afectar al mismo curso de la realidad. Al finalizar cada sanación, ella concluía la sesión rezando: «Así sea, así se haga y así será».

A pesar de mi poca edad, yo veía el impacto tranquilizador que tenía en sus pacientes, cuyos cuerpos se relajaban visiblemente ante la confianza de que la sanación que esperaban pronto se haría realidad. Aunque algunas de las personas que se presentaban en su clínica en un principio se mostraban escépticas y decían cosas como «Yo no creo en esto» y «Solo estoy aquí porque mi pareja me lo pidió», su actitud cambiaba cuando Sarita comenzaba a realizar su trabajo. El miedo y la resistencia se evaporaban frente a la presencia de su calma y sus habilidosas técnicas.

En una ocasión, al comienzo de mi aprendizaje, le hice una pregunta: «¿Cómo pueden mejorar las personas aunque no tengan fe o no crean que lo que haces las ayudará?». Su respuesta me sorprendió. Me dijo que en cierta manera ellas estaban abiertas a ser sanadas, a pesar de que lo negaran, ya que de lo contrario no hubieran acudido a ella. Me explicó que aun cuando su mente consciente tuviera dudas, el hecho de que se presentaran demostraba que una parte de ellas creía que era posible. «Son nuestras acciones las que importan, no lo que decimos», me dijo. Una verdad que he confirmado una y otra vez en mi propia experiencia.

El efecto placebo

Muchos lectores probablemente conozcan el efecto placebo, el fenómeno por el cual un porcentaje de pacientes de un ensayo clínico mejoran, aunque hayan recibido, sin saberlo, una píldora de azúcar en lugar de un medicamento «real». De hecho, el efecto placebo está tan documentado que la gran mayoría de los nuevos medicamentos deben incluir como requisito un control con placebo en sus estudios para recibir la aprobación de la Administración de Alimentos y Medicamentos de Estados Unidos. Si bien las empresas farmacéuticas han estado introduciendo nuevos medicamentos en el mercado utilizando pruebas con placebos durante los últimos cien años, también han demostrado de manera indirecta el poder de la mente humana para sanar.

El efecto placebo revela que solo creer que estamos tomando un medicamento o recibiendo un tratamiento puede hacernos mejorar. En algunos casos, esa creencia también puede sanarnos. En el caso del trabajo de sanación de Madre Sarita, ella recetaba con frecuencia alguna combinación de medicina herbal o fisioterapia junto con elementos puramente espirituales de su trabajo, pero era la confianza del propio paciente en el proceso de sanación lo que ejercía el papel preponderante en su recuperación. Sarita solía decirme que no era ella quien sanaba a sus pacientes, sino la propia fe de ellos al darse permiso para sanar. «Yo solo soy una intermediaria».

En los ensayos clínicos, algunos pacientes que toman placebos mejoran aun cuando afirman no creer que lo harán. Al igual que los escépticos que consultaban a Madre Sarita, podemos afirmar una cosa mientras experimentamos algo del todo diferente a nivel inconsciente. Sin importar lo escéptico que seas, el hecho es que te presentaste y recibiste el tratamiento. Eso indica que una parte de ti cree que funcionará, aun cuando no tengas acceso consciente a esa creencia.

En última instancia, son nuestras acciones las que cuentan, no lo que decimos y ni siquiera lo que pensamos.

Lo mismo es cierto para todas las áreas de la vida. Por ejemplo, pensemos en este libro. Ahora mismo, quizás no creas que es posible superar tus miedos psicológicos, o encontrar tu propia libertad personal, o realizar algún otro cambio necesario en tu vida. Puede que incluso expreses fuertes dudas con tus amigos, terapeuta o cualquiera que te escuche. Sin embargo, a pesar de esas objeciones superficiales, algo en ti te condujo a tomar este libro y leerlo. Alguna parte de ti está actuando, a pesar de que tus pensamientos y palabras expresen resistencia. Una parte de ti confía en que los ejercicios y prácticas de este libro te ayudarán —de otra manera no estarías aquí— y esa es la confianza sobre la que hablaré a continuación.

Confianza universal

En español, la palabra «confianza» en general se refiere a la creencia en la verdad o fiabilidad de un hecho, afirmación, persona o idea: «*Confío* en el juicio de mi hermano» o «*Confío* en los resultados de ese estudio». En náhuatl, la palabra para designar confianza es *temachia*, y pienso en ella como una confianza universal en la vida. Se refiere a la convicción que tengo de que, si tenemos la intención correcta en nuestro corazón, incluso en medio de grandes dificultades, las cosas funcionarán para el bien mayor de todos los involucrados.

Probablemente, ya te hayas topado con el concepto náhuatl de temachia bajo otro nombre. Algunas personas lo llaman «confianza en Dios», «confianza en el universo» o «confianza en el dharma o en la forma en la que son las cosas». Propongo que cada vez que pienses en esta palabra recuerdes un lugar de absoluta confianza en el nagual: la energía vital que da vida a todos los seres vivos y que se encuentra con nosotros en cada instante de nuestra existencia, tanto durante las mejores experiencias como en los momentos de sufrimiento y tristeza.

¿Alguna vez has contemplado una noche estrellada y te has maravillado por la perfección del cosmos, o mirado un documental sobre el espacio y sorprendido por las hermosas imágenes de nuestra galaxia? ¿No es increíble que la *misma fuerza* que creó una galaxia espiral también esté presente en tu propia vida? En ocasiones así, es fácil que nos invada la sensación de temachia, esa en la que nuestros miedos y preocupaciones cotidianas se desvanecen y reconocemos la perfección absoluta del nagual.

Por tanto, este concepto no es solo una idea intelectual, sino un principio cósmico, casi como una ley de la física. Es la certeza inquebrantable de que nos sostiene una red de relaciones tan vasta como el universo mismo. A pesar de que el significado de sucesos individuales no siempre nos resulta evidente, confiamos en que nos estamos dirigiendo en una dirección positiva, y que nuestras vidas están siendo moldeadas por el nagual para un propósito más elevado. Seguramente has tenido alguna experiencia en tu vida que en su momento sentiste como un obstáculo, pero que luego resultó ser un regalo inmenso. Esa es la prueba de la temachia.

Cultivar la temachia no implica que debas pasar por tu vida con despreocupación, inmutable ante cualquier dolor, obstáculo o decepción; significa que puedes ver las dificultades temporales con una perspectiva más amplia: como oportunidades para crecer en el amor y la sabiduría mientras permaneces anclado con firmeza a tus valores e intenciones más elevadas. También te convierte en alguien más comprensivo y amable con los demás, más allá de si estás de acuerdo con sus opiniones o comportamientos; después de todo, el nagual habita en ellos de manera igualmente perfecta que en ti. En palabras del astrónomo Carl Sagan: «Cada uno de nosotros es valioso, desde una perspectiva cósmica. Si alguien discrepa contigo, déjalo vivir. Ni en un trillón de galaxias hallarás otro igual».

Vivir en un estado de temachia puede cambiar de manera radical lo que esperas de la vida y, por consiguiente, también lo que experimentas. Cuando tu mente está dominada por el miedo y la desconfianza, te predispones de manera inconsciente a experiencias de abandono, humillación, escasez y pérdida. Este estado de negatividad puede afectarte a todos los niveles, desde tensión en los músculos del cuerpo hasta interacciones en las que te proteges de los demás. Todos conocemos a alguien que siempre teme que suceda algo malo o catastrófico, como el que espera que su novia termine con él y por eso evita involucrarse demasiado en la relación, o el rico que ahorra cada céntimo porque teme que su fortuna disminuya. A veces estos miedos y sus comportamientos asociados terminan generando una profecía autocumplida y, aunque no lo hagan, piensa en toda la infelicidad que se puede sentir al vivir de esta manera.

Cuando cambias el miedo por la *confianza universal*, sucede lo opuesto. Puedes relajarte —física, mental y emocionalmente— sabiendo que todo mejorará, aunque no estés seguro de cómo sucederá y aun cuando no suceda como esperabas. Puedes apreciar genuinamente a las personas por quienes son, en lugar de preocuparte por todas las maneras en las que algún día podrían causarte dolor. Puedes realizar actos de servicio por los demás y por el mundo, y confiar en que tus propias necesidades también serán satisfechas. Puedes vivir tu vida con la esperanza de que la abundancia, el amor y la conexión te encontrarán en donde sea que estés.

Aunque mi abuela creció en un entorno de pobreza y tuvo poca educación formal, su temachia era abundante. Confiaba en que sus propios hijos recibirían educación e incluso conseguirían títulos superiores, y eso fue lo que sucedió. Aunque llegó a Estados Unidos como inmigrante indocumentada, esperaba recibir la ayuda necesaria para convertirse en ciudadana, y así sucedió. Aunque muchos de los pacientes que visitaban su centro de sanación parecían sufrir de problemas incurables, ella esperaba que mejoraran, y en numerosas ocasiones lo hicieron. Cuando le pregunté cómo había logrado cosas tan maravillosas después de unos comienzos tan humildes, ella respondió: «Tengo cien por cien de fe en el poder de la vida». Hasta el día de hoy, la respuesta de Madre Sarita es la mejor definición de temachia que alguna vez he escuchado.

Cien por cien de fe en la vida

Piensa en los desafíos más duros que has tenido que afrontar enfermedades, heridas, dramas familiares, conflictos en tus relaciones o momentos en los que creíste que tu vida había terminado. Si estás leyendo este libro, significa que estás vivo y, si estás vivo, eso significa que has sobrevivido a todo lo que alguna vez te sucedió, sin importar lo difícil o intimidante que haya sido. Quizás sobreviviste gracias a tu inteligencia e ingenio; quizás fue gracias a la gentileza y protección de las personas que te rodean; o quizás lo hiciste por pura suerte, o por alguna combinación de todos esos factores. El punto es que el nagual encontró un camino para fluir de tal manera que te permitió seguir viviendo.

Aunque todos tenemos nuestros planes y listas de cosas pendientes, la verdad es que gran parte de la vida queda fuera de nuestro control. Tan solo piensa en la última vez que te tropezaste o caíste. Apuesto a que extendiste los brazos con rapidez para recuperar el equilibrio antes de ni siquiera ser consciente de que lo estabas haciendo. El hecho de que instintivamente sujetemos la raíz de un árbol para evitar caer desde un acantilado prueba que, en los niveles más primitivos, podemos confiar en nosotros mismos. Y si podemos confiar en nosotros mismos para evitar una caída física, quizás podamos también hacerlo en niveles más elevados; tal vez hasta podamos confiar en nosotros mismos por completo.

Si repasaras la historia de tu vida, es probable que encontraras múltiples ejemplos de momentos en los que decidiste realizar una acción positiva y protectora; no importa si lo hiciste de forma consciente o no. Me refiero a ocasiones en las que buscaste comida o refugio, encontraste amigos y mentores, evitaste instintivamente situaciones peligrosas o aprovechaste una oportunidad que te impulsó a mejorar tu existencia. Todos esos son ejemplos de cómo el nagual estaba obrando a través de ti. De hecho, cuando los pacientes se presentaban en el templo de Madre Sarita alegando que «en realidad no creían» en sus tratamientos, pero que a pesar de eso deseaban darles una oportunidad, ¡allí estaba el nagual obrando en ellos!

La vida desea persistir en nosotros; la vida desea que prosperemos de todas las maneras posibles. De lo contrario, no se hubiera molestado en brindarnos el instinto de supervivencia, y mucho menos cualidades como la inteligencia, la amabilidad y la compasión. Una vez que descubres que la vida en sí misma está de tu lado, todo cambia. La pregunta ya no es «¿Cómo sobrevivo?», sino «¿Qué puedo dar?». Cuando tienes cien por cien fe en la vida, puedes dejar de desperdiciar tu energía en estrategias fundadas en el miedo para reforzar tus defensas y dirigir esa energía a crear la vida que deseas vivir, y hacer del mundo un lugar mejor para ti y quienes te rodean.

Mi abuela no descubrió el trabajo de su vida hasta los cincuenta años, pero una vez que abrió su templo, Madre Sarita continuó con su misión sanadora hasta su muerte a la edad de noventa y ocho. Para ese momento, no tenía necesidad de dinero, ya que sus familiares podían cuidarse a sí mismos; de hecho, ella solía tratar pacientes que no podían pagarle. Su confianza absoluta en la vida la había conducido a un punto en el que podía dedicarse al servicio y dejar atrás las necesidades básicas de supervivencia de su juventud.

Por supuesto, Madre Sarita no es el único ejemplo de alguien que logró hazañas increíbles gracias a su fe en la vida. A los veintiséis, Chuck Collins, el heredero de la fortuna de la empresa estadounidense Oscar Mayer, donó su herencia a un grupo de organizaciones dedicadas al cambio social. A diferencia de tantas personas en su posición, él confiaba en que su vida servía a un propósito mayor que simplemente aumentar sus posesiones personales. También publicó numerosos libros sobre la desigualdad de la riqueza y alentó a otras personas nacidas con extrema abundancia a colaborar con la gente común y tener en cuenta las necesidades de los pobres.

El actor Jim Carrey nació en una familia de clase trabajadora que padecía de una pobreza económica constante, por lo que en secundaria se vio obligado a trabajar por las noches como conserje para que su familia pudiera costearse una vivienda. No obstante, él sabía que tenía un talento extraordinario para realizar imitaciones y hacer reír a los demás. Así que encontró maneras de cultivar su talento y realizaba actuaciones en pequeños escenarios cada vez que tenía la oportunidad. En un gesto que se convertiría en leyenda, firmó un cheque de diez millones de dólares para él mismo por los «servicios de actuación prestados» y lo llevaba consigo en su cartera; una expresión de que su fe en la vida encontraría la manera de permitirle compartir su talento con el mundo. Y así su temachia lo condujo a convertirse el célebre actor que conocemos hoy en día.

Por supuesto, muchas de las personas que poseen una abundancia de temachia no son ricas ni famosas, ni tampoco les importa no serlo. De hecho, estoy seguro de que conoces a personas que consideran esta confianza en la vida como el principio rector de su existencia, aunque puede que no lo hayas notado. Quizás lo llamen con otros nombres, como simplemente confianza en el universo, en la fe o en otra cosa. No son difíciles de encontrar una vez que abres los ojos y observas. Estas almas que confían son útiles a los demás, toman lo positivo de cualquier situación y, si bien pueden sentir miedo psicológico de tanto en tanto, no permiten que ese miedo controle sus vidas.

Cuando tenemos fe total en la vida, somos libres de enfocarnos en nuestros valores más puros, en lugar de luchar contra las fluctuaciones menores de nuestra comodidad y estatus personal. El miedo siempre nos impulsa a conformarnos con menos, pero la confianza te alienta a perseguir tus aspiraciones y llevar a cabo acciones que conduzcan a una vida verdaderamente significativa. Ya sea que la llames «confianza», «fe» o «temachia», esta clase de convicción es esencial para eliminar el miedo psicológico de tu mente. En los ejercicios que siguen, aprenderás algunas herramientas poderosas para ayudarte a establecer este sentido de confianza en tu propia vida.

EJERCICIO:
Conviértete en tu propio sanador espiritual

Aunque nunca conozcas a un sanador espiritual en la vida real, puedes practicar para convertirte en tu propio sanador cultivando cualidades positivas en tu mente de forma intencional.

La próxima vez que enfermes, imagínate durante algunos minutos en perfecto estado de salud. Puedes visualizarte saliendo a correr, jugando con tus hijos o trabajando en un proyecto. Advierte las sensaciones de vigor y vitalidad.

La próxima vez que te sientas preocupado por un problema difícil en el trabajo, imagina durante algunos minutos que abordas ese problema con tranquilidad y que llegas a una solución maravillosa. Advierte la energía de inspiración y creatividad en tu mente y cuerpo, y visualiza tu éxito en detalle.

En cada ocasión que sientas miedo o ansiedad, proyecta el mejor resultado posible para esa situación que te causa temor, e imagina conscientemente qué emociones o cualidades te gustaría sentir.

Al practicar de esta manera, estás entrenando a tu cuerpo y a tu mente a esperar un resultado positivo, de igual modo que sanadores como Madre Sarita instalan expectativas positivas en el pensamiento de sus pacientes para ayudarlos a sanar. Con el tiempo, tu mente y cuerpo aprenderán a esperar solo cosas buenas de la vida y destinarán menos recursos mentales y físicos a la resistencia y el miedo.

EJERCICIO:
Expande tu círculo de confianza

Sin importar cuánto miedo o ansiedad sientas, es probable que ya tengas algo de confianza en la vida. Por ejemplo, puede que siempre hayas creído en la bondad de los desconocidos, o hayas comprendido que en cualquier momento puedes encontrar una manera de salir adelante gracias a tu educación y capacidades. A pesar de que quizás no puedas probar que un desconocido bondadoso aparecerá cuando lo necesites para sacarte de un aprieto, o que de manera invariable podrás salir airoso en cualquier contexto económico, tu confianza en esos aspectos de la vida ejerce una influencia enorme en tu confianza en la vida, así como en los riesgos que te permites tomar.

En este ejercicio, te invito a expandir el círculo de confianza hacia aquellos aspectos de tu vida que actualmente se encuentran dominados por el miedo:

Primero, toma un papel y un bolígrafo. A continuación, dibuja dos grandes círculos. Escribe la palabra «confianza» sobre uno y «miedo» sobre el otro.

En el círculo de «confianza» escribe las áreas de tu vida en las que ya sientas una confianza sólida, ya sea en tus amistades, tu trabajo o conceptos más abarcadores como la «bondad» o lo «divino». El simple hecho de prestar atención a las maneras en las que ya practicas la confianza puede ayudarte a confiar más.

En el círculo de «miedo» escribe las áreas de tu vida que actualmente se encuentran gobernadas por el miedo:

quizás tu situación económica, la relación con tus hermanos o tu apariencia física.

Ahora toma otro papel y dibuja en él un único círculo grande y etiquétalo con la palabra «confianza». Observa los términos que originalmente asignaste a tu círculo de «miedo» y, si así lo decides, cópialos en este círculo en su lugar. Recuerda que siempre tienes el poder de tus «síes» y «noes».

Si decides que sí, imagina cómo sería sentir una fe absoluta en que esos aspectos de tu vida tendrán un resultado maravilloso. ¿Cómo sería tu vida si tuvieras la confianza absoluta de que siempre tendrás lo necesario, que siempre serás suficiente y que el universo, en última instancia, es benevolente? ¿Acaso esa perspectiva te permitiría multiplicar el bien que haces con tu vida y entregarte a un propósito más elevado? ¿Qué impacto podrías tener en el mundo si de verdad tuvieras la fe de que tú siempre estarás bien?

Guarda tu nuevo círculo de «confianza» en un lugar donde puedas verlo. Cada vez que experimentes miedo o ansiedad sobre un aspecto de tu vida, agrégalo a tu círculo de confianza.

CAPÍTULO 7

Aceptar la incertidumbre

Un amigo mío estaba de camino a una importante reunión de negocios cuando su vuelo de conexión se canceló debido a una tormenta. Mientras deambulaba por el aeropuerto, incapaz de cambiar su situación, la ansiedad invadió sus pensamientos. ¿Qué sucedería si no podía cerrar el acuerdo de negocios? ¿En quién se convertiría si no tenía éxito? Se había esforzado mucho para llegar a ese punto, ya que le había llevado años conseguir la posibilidad de reunirse con ese cliente; ¿qué sucedería si una oportunidad así no se presentaba nunca más?

Él se había divorciado hacía poco, y enfocarse en el trabajo lo había ayudado a lidiar con la pérdida. Dedicó su tiempo y energía a desarrollarse profesionalmente y a obtener logros que antes habían llegado con mayor lentitud. Ahora, su mente le relataba historias en las que regresaba a su hogar con la cabeza gacha por haber perdido su «única oportunidad» de alcanzar el éxito, y le ponía ante un futuro solitario.

Entonces, regresó al área de espera con un café en la mano y mientras estaba allí, una hermosa mujer se sentó frente a él y se puso a darle conversación. Resultó que ambos provenían de la misma ciudad y hasta tenían amigos en común. ¡Incluso estaban leyendo el mismo libro! Aunque él aún no lo sabía, había conocido a su futura esposa.

Muchos de nosotros albergamos la creencia inconsciente de que, si tan solo pudiéramos controlar la vida, dejaríamos de sentir miedo. En lugar de abrirnos con curiosidad o incluso emoción cuando la vida no sigue nuestros planes, solemos caer en el hábito mental de sentirnos heridos y devastados. En lo más profundo de nuestro ser, creemos que *nosotros* somos los seres humanos más calificados de la Tierra, capaces de determinar lo que debería estar sucediendo, a pesar de que, para la mayoría, algunas de las cosas que consideramos que son «las mejores» que nos han sucedido llegaron a nuestro encuentro de una manera que nunca podríamos haber predicho y mucho menos controlado.

Cuando se canceló su vuelo, la mente de mi amigo insistió en que eso era algo terrible que impactaría de forma negativa en su vida. Sin embargo, causó algo maravilloso de una manera que él nunca podría haber anticipado. Aunque perdió su reunión de negocios, encontró a su compañera y a la madre de sus hijos. Lejos de perder, obtuvo la vida de sus sueños. Su historia es un ejemplo maravilloso de la importancia de la temachia.

Esta experiencia confirma que lo desconocido nos ofrece grandes regalos que no recibiríamos si lo controláramos todo. Aunque los seres humanos tienen una imaginación maravillosa, a menudo la limitamos a una esfera relativamente pequeña. Pensamos en sucesos que ocurrieron de forma reciente, o en escenarios que a nuestra mente le resulta fácil imaginar, en lugar de considerar el abanico total de posibilidades. Los psicólogos se refieren a este fenómeno como la «heurística de la disponibilidad»; la tendencia a creer lo que es conveniente y a emitir juicios precipitados de acuerdo a nuestra experiencia limitada, mientras ignoramos las manifestaciones abundantes, radiantes e infinitamente creativas del nagual.

Lo cierto es que la incertidumbre contiene el potencial para que sucedan cosas maravillosas, no solo cosas malas. Sin embargo, cuando nos enfrentamos a ella, el estado por defecto de la mente es el miedo. Por más que nuestras predicciones catastróficas fracasen una y otra vez, seguimos invirtiendo una gran cantidad de energía en crearlas y las ensayamos mentalmente hasta el punto de sentir que de verdad lidiamos con ellas, cuando en realidad solo existieron en nuestra imaginación. Como escribió Mark Twain: «He vivido algunas cosas terribles en mi vida, algunas de las cuales de verdad sucedieron». Y como afirma un amigo mío: «El noventa y nueve por ciento de mis peores días nunca sucedieron, excepto en mi propia mente».

De manera reciente viví un episodio que ilustra este fenómeno a la perfección. Mi médico me pidió unos análisis rutinarios de sangre, cuyos resultados marcaron unos valores elevados que podrían indicar leucemia, un tipo de cáncer. En cuestión de minutos, mi mente saltó de inmediato a mi esposa e hijos. Los tendría que preparar para mi muerte, tendría que hablar con mi abogado, revisar mi testamento y asegurarme de que todos mis asuntos estuvieran en orden. Necesitaría diseñar un plan a largo plazo para mi hijo y asegurarme de que recibiría el mejor de los cuidados. No solo eso, sino que tendría que darles la noticia a mis amigos y el resto de mi familia, y, además, consolarlos por la angustia que sentirían por mi muerte inminente.

A pesar de que el análisis de sangre no era determinante en absoluto, mi mente imaginó el peor resultado posible que tenía disponible: *El análisis es igual a cáncer. Cáncer es igual a muerte. Muerte es igual a malo.* Cuando mi tradición tolteca entró en acción y comencé a acechar a mi mente, descubrí que seguir esa cadena de pensamientos me hacía sentir como si tuviera el control, a pesar de que eso significaba estrechar mi forma de ver el mundo para incluir solo la posibilidad más extrema. En otras palabras, me sentía *más seguro* creyendo que estaba a punto de morir porque había una certeza asociada a ese pensamiento. La realidad es que las probabilidades de que tuviera leucemia eran bajas —no tengo antecedentes familiares y los resultados podían ser fácilmente el producto de tener una infección— y, sin embargo, al igual que la mayoría de los seres humanos, mi sentido de la razón y la lógica no siempre pueden equiparar el poder de los pensamientos basados en el miedo y las emociones que ellos generan.

Tras hacerme más pruebas, resultó que no tenía cáncer, sino una enfermedad llamada «linfocitosis monoclonal de células B». Aunque me sentía agradecido por la oportunidad de reflexionar sobre mi propia mortalidad, lo cierto era que había librado una terrible batalla contra el cáncer en mi mente, una que en realidad nunca había sucedido. En cambio, la gran incertidumbre de la vida me había brindado algo completamente distinto: la oportunidad de observar cómo mi propia mente pasaba por un ciclo de miedo y salía fortalecida.

Quizás te hayas topado con la estadística de que la mayoría de las personas tienen más miedo a hablar en público que a la muerte. La incertidumbre puede sentirse tan intimidante que estamos dispuestos a hacer cualquier cosa para terminar con ella; no importa si eso significa llegar a una conclusión devastadora. Preferimos «saber» algo terrible que permanecer en un espacio de desconocimiento, y eso puede abrir la puerta a toda clase de dramas en nuestras vidas.

Aprender a confiar

Mientras aprendes a cultivar la temachia, es probable que descubras que existen áreas de tu vida en las que te sientes más cómodo con la incertidumbre que en otras. Por ejemplo, puedes sentirte confiado a la hora de resolver desafíos inesperados en el trabajo, pero necesitar control total y predictibilidad cuando se trata de tus relaciones con los demás. Quizá no temas perder tu trabajo, pero sí sientas un miedo intenso a que tu pareja termine contigo. Estas son cuestiones importantes para detectar, ya que hacemos nuestro mayor esfuerzo para controlar aquello que más nos atemoriza.

Una amiga mía solía sufrir de una ansiedad social intensa. En las pocas ocasiones en las que organizaba una reunión en su casa, siempre sentía la necesidad de contar con un plan para entretener a los invitados. Así que se sumergía en la lista de eventos que aparecían en el periódico o compraba juegos de mesa y rompecabezas para asegurarse de que nadie se aburriera o se quedara sin hacer nada. Cuando se trataba de pasar tiempo con los demás, no sabía cómo comportarse con el tiempo no estructurado, de modo que planeaba todo con antelación para asegurarse de que esa situación ansiógena nunca se presentara.

Un día, unas amigas la llamaron para avisarle de que visitarían su ciudad esa misma tarde, y le preguntaron si se podían quedar en su casa durante el fin de semana. Aunque dijo que sí, mi amiga entró en pánico en silencio. ¡No tenía tiempo para planificar! No solo eso, sino que se encontraba en medio de un proyecto de arte y su casa era un caos. Mientras esperaba la llegada de sus amigas, buscó de manera frenética conciertos, eventos y exposiciones a donde llevarlas. Sin embargo, una hora después, su práctica de acechar a la mente entró en acción, y tomó la decisión de confiar en que todo saldría bien, aunque en ese momento no pudiera verlo.

Al final, cuando llegaron sus amigas, hubo otra sorpresa más: ambas se estaban recuperando de la gripe y, aunque ya no contagiaban, no tenían energía para hacer las actividades que ella había planificado. Así que preparó una gran tetera de té de jengibre y pasaron el tiempo entre conversaciones sin rumbo y documentales sobre la naturaleza. A la noche, cocinó una buena cacerola de sopa y arropó a sus amigas con mantas en el sofá. Aunque nunca podría haberlo anticipado, cuidarlas de esa manera resultó mucho más significativo que cualquiera de las otras actividades que habría planificado de haber tenido el control.

Esta experiencia cambió por completo la relación de mi amiga con la socialización. Descubrió que podía confiar en que las experiencias positivas surgirían con naturalidad en sus interacciones con los demás. Ya no sintió el mismo temor al enfrentarse a visitas no estructuradas ni planificadas. De hecho, comenzó a esperarlas con ansia, ya que ahora disfrutaba de sentirse sorprendida e inspirada en lugar de saber exactamente lo que sucedería.

Intentar controlar los resultados de la vida es, en última instancia, una ilusión, aunque una persistente. Lo cierto es que siempre existen mil o hasta millones de factores en juego, como el clima, el tránsito, el azar o las condiciones históricas o políticas, que son demasiado complejas para enumerar. Pero en algunas ocasiones nuestros intentos por controlar parecen funcionar, y lo hacen con la frecuencia suficiente como para que nos demos una palmadita en la espalda por haber tenido «éxito» al causarlas. Nos otorgamos el crédito cuando nuestros intentos por controlar situaciones salen bien y, cuando no lo hacen, solemos atribuirlo a factores externos y fallamos en reconocer que el control en sí mismo es el problema.

En la tradición tolteca se afirma que los intentos por controlar siempre están arraigados en el miedo. La mente nos impulsa a permanecer dentro de nuestros límites autoimpuestos en lugar de confiar en que las cosas saldrán bien. Para abordar este miedo, podemos practicar el tomar consciencia, detectar cuándo estamos intentando controlar algo y comprometernos a confiar en el poder del universo. Al dominar esta práctica, adviertes que muchas cosas resultan mejor cuando te resistes al impulso de controlarlo todo; incluso terminan saliendo mucho mejor de lo que habrían salido si tú hubieras tenido el control del resultado. En general, es en lo desconocido donde sucede la verdadera transformación.

Cuando mi hermano Jose y yo llevamos a nuestros estudiantes a los viajes de poder en las pirámides de Teotihuacán, no les brindamos un cronograma. En cambio, les explicamos lo que enseñamos y les guiamos desde el corazón, porque preferimos dejar espacio para que las experiencias transformadoras se presenten a su ritmo, en lugar de salir corriendo a la próxima actividad o destino de la lista. ¡A algunos estudiantes les cuesta mucho aceptarlo! Sienten ansiedad por no saber qué sucederá ni cuándo; en las mañanas, quieren hacer cien preguntas sobre las actividades del día, y se preocupan aún más cuando Jose y yo les respondemos que no sabemos.

En algunos casos, estos estudiantes sufren más al juzgarse y regañarse por luchar contra la incertidumbre. Dicen cosas como: «Soy tan inflexible; nunca puedo dejarme llevar» o «Desearía ser espontáneo como todos los demás, pero supongo que soy demasiado ansioso». Se disculpan por su temor y sienten vergüenza porque su necesidad de control ha colonizado sus vidas, e ignoran que probablemente hayan sido domesticados para sentirse de esa manera. No es personal. Si miras a tu alrededor, es sencillo descubrir que no hay nada que la cultura desee con más ansias que el control. Es algo poderoso, es impreciso, y no todos pueden tenerlo a la vez.

Cuando esto sucede, Jose y yo siempre intentamos guiarlos a un lugar de amor incondicional. Después de todo, la necesidad de controlar proviene de un deseo de protegerse a sí mismo, y si quieres protegerte, eso significa que debes amarte, aun cuando no te des cuenta de ello. En ese sentido, la conexión con tu miedo puede tender un puente hacia el amor que ya se encuentra presente en tu interior. Si se lo mira a través de este lente, nuestro temor a la incertidumbre es simplemente amor que aún debe alcanzar su máxima expresión, un potencial maravilloso, nada de lo que avergonzarse.

Puede que la ansiedad tarde algunos días en desaparecer, pero, cuando lo hace, sucede algo milagroso. Los mismos estudiantes que cada mañana se sentían impacientes y preguntaban «¿Qué haremos hoy?» se ven más relajados y contentos. Ya no miran sus relojes. Y al final del viaje suelen decir que sus actividades favoritas fueron los rituales espontáneos y aquellas ceremonias que *ninguno* de nosotros podría haber planificado. Ser testigo de cómo los estudiantes dejan al margen su deseo de controlar y aceptan lo desconocido siempre me reconforta el corazón y me recuerda por qué amo enseñar.

EJERCICIO:
Predice lo bueno

Piensa en un tema que te genere ansiedad, como las relaciones familiares, las finanzas, el cambio climático o la política. Ahora haz una lista de diez cosas buenas e inesperadas que podrían suceder y que se encuentran fuera de tu control. Por ejemplo, podrían inventarse nuevas tecnologías, aparecer personas que no conoces y surgir oportunidades que cambiarían por completo la situación. Dale rienda suelta a tu imaginación. Rechaza de manera consciente la heurística de la disponibilidad al evocar ideas que no suelen entrar en el repertorio usual de tu imaginación.

Mientras escribes tu lista, advierte cualquier cambio en tu mente, cuerpo y estado de ánimo. ¿Comienzas a sentirte energizado al contemplar las nuevas posibilidades? ¿Te sientes emocionado, en lugar de abatido, al pensar en lo desconocido? ¿Cómo podrías utilizar esta práctica en otras áreas de tu vida a lo largo del día, hasta formar el hábito de considerar los desafíos como oportunidades de cambio en lugar de como el fin del mundo?

EJERCICIO:
Explora la incertidumbre

Piensa en un área de tu vida en la que te sientas muy incómodo con la incertidumbre, como en interacciones sociales, tus finanzas o los viajes. A continuación, toma un bolígrafo y un papel y escribe los miedos específicos que tienes sobre el tema. Por ejemplo, si escoges los viajes, podrías identificar que temes extraviarte, tener que dormir en algún lugar incómodo o perderte paisajes y experiencias que podrías disfrutar si las hubieras planificado con cautela.

Ahora, escoge un contexto de tu vida en el que te enfrentarás a ese miedo. Por ejemplo, puedes dejar un día de tus vacaciones sin planificar o establecer un presupuesto para las próximas semanas, pero reservar algo de espacio para la diversión espontánea o invitar a amigos sin diseñar un plan para entretenerlos.

Cuando llegue el día, recuerda que algunos *aspectos* de la experiencia serán incómodos. Es posible que haya momentos de desconcierto, frustración o ansiedad. Esfuérzate al máximo por aceptar esa incomodidad como si fuera el «precio de admisión» de hacer amigos sintiendo incertidumbre.

Al final del día, analiza lo que sucedió con una mirada positiva. ¿Qué hiciste o experimentaste que no hubiera sido posible si te hubieras atado a un plan estructurado? ¿Cuáles fueron los mejores momentos del día? ¿Te sentiste orgulloso, sorprendido, conmovido o incluso emocionado?

Recuerda estas emociones positivas la próxima vez que te encuentres atrapado en tu patrón habitual de intentar eliminar la incertidumbre.

EJERCICIO:
Dale las gracias al miedo

En ocasiones, la mejor manera de librarnos de nuestra tendencia al miedo es expresar nuestro agradecimiento por las maneras en las que él nos ha protegido. En lugar de sentir enfado o frustración, podemos reconocer el hecho de que tiene una razón positiva para existir.

En primer lugar, piensa en un área de tu vida en la que sientes mayor necesidad de control y predictibilidad; por ejemplo, en tus interacciones sociales. Ahora, imagina que tu miedo es un querido amigo que está haciendo todo lo posible por ayudarte y protegerte. Haz una lista de todas las acciones bienintencionadas que tu amigo está haciendo por ti. Por ejemplo: «Asegurarse de que mis amigos y familia pasen un buen rato» o «Asegurarse de que las interacciones sociales no se vuelvan muy caóticas para protegerme del agotamiento». En lugar de castigarte por tu tendencia a sentir miedo, honra las maneras reales y significativas con las que esos temores te han protegido de salir herido. Eso hará que sea mucho más fácil pasar, con gentileza, de resistir la incertidumbre a simplemente aceptarla.

CAPÍTULO 8

La mente dividida

Un día, un amigo mío estaba haciendo senderismo con su madre en Sedona, Arizona, cuando de pronto su madre tropezó, cayó al suelo y chocó contra una roca afilada. Sentía un dolor intenso por la caída y tenía dificultades para respirar. Por fortuna, mi amigo tenía señal en su móvil y pudo pedir ayuda al 911. La policía envió un helicóptero y, al examinarla, los médicos temieron que hubiera sufrido lesiones internas. La subieron a una camilla y la prepararon para trasladarla al hospital. Cuando mi amigo se acercó al helicóptero, con la intención de acompañar a su madre, el piloto lo detuvo diciéndole: «Solo hay lugar para tu madre. Para ti no».

Mi amigo se quedó aturdido al darse cuenta de que tendría que emprender la larga caminata de regreso hasta su coche y luego conducir dos horas hasta el hospital en Flagstaff sin saber cómo se encontraría su madre. Una vez que el helicóptero partió, mi amigo comenzó su regreso a paso rápido; prácticamente iba corriendo por el sendero, y él mismo casi choca con una roca. Su mente repasaba innumerables historias sobre cómo su madre podía estar seriamente herida o incluso muerta mientras él llegaba a su lado.

Afortunadamente, él tenía experiencia con la meditación y pronto reconoció que su mente estaba divagando, así que tomó la firme decisión de enfocarse en el momento presente. Comenzó a aminorar el paso, a contemplar el paisaje que lo rodeaba y a enfocarse en cada respiración. Al llegar a su coche, se concentró en la sensación del volante en sus manos y en las señales de kilometraje ubicadas a los lados de la carretera. Al centrar su atención de manera consciente en su experiencia sensorial y su entorno inmediato, logró aquietar a su mitote, reconectar con su sentido de temachia y recuperar su poder. Cuando finalmente llegó al hospital, descubrió que, si bien su madre se había roto algunas costillas, sus heridas no atentaban contra su vida, y pronto logró recuperarse por completo.

En el mundo moderno, se considera admirable y hasta necesario hacer muchas cosas de manera simultánea. Respondemos llamadas mientras lavamos los platos o nos ponemos al día con la catarata de correos electrónicos que nos llegan mientras miramos las noticias. Aunque en algunos casos realizar múltiples tareas a la vez puede ayudarnos a ganar tiempo, también conduce a que la mente se divida y experimente dificultades para concentrarse en una sola tarea a la vez. Así como los músculos se atrofian por la falta de uso, lo mismo sucede con la mente cuando no la ejercitamos con efectividad. Pronto quizás incluso pensemos que no contamos con la capacidad de enfocar nuestra mente, que simplemente se dirige hacia donde ella quiere y nada de lo que hagamos puede cambiarlo.

Si la mente pierde su capacidad de foco, nos deja más vulnerables al miedo, ya que no sabemos cómo frenarla en cuanto empieza a divagar y a crear historias aterradoras. El mundo moderno puede hacernos creer que más es mejor —más cosas, más pensamientos, más búsqueda frenética de información—, cuando en realidad ya tenemos mucho más de lo que podemos utilizar. La práctica de enfocar la mente en una sola cosa a la vez no es muy popular en el mundo moderno, pero es un factor importante para combatir el miedo persistente.

En nuestra tradición tolteca, el arte de enfocar la atención ha sido desde siempre una herramienta para entrenar la mente. Como parte de nuestro aprendizaje, mi padre y abuela nos pedían a mi hermano y a mí que escogiéramos una canción para escuchar en el equipo de sonido y que nos enfocáramos en un solo instrumento mientras duraba. No podíamos escoger la voz del cantante, porque eso era demasiado fácil, sino que debíamos escoger el bajo, la batería o la guitarra y mantener nuestra atención centrada exclusivamente en ese instrumento durante la canción entera. Si nuestra atención se desviaba hacia la letra o algún otro instrumento, debíamos reiniciar la canción y volver a intentarlo hasta que pudiéramos escuchar la pieza entera sin perder el foco en ese único instrumento.

Más adelante, descubrí el poder de la meditación y de acechar a la mente para adquirir más consciencia y desarrollar mi habilidad de enfocar la mente. Ya sea sentarme con las piernas cruzadas y enfocarme en mi respiración o salir a correr y escuchar el ritmo de mis pisadas, la meditación ayuda a crear un espacio entre las voces de tu mitote y el nagual que siempre las observa.

Siempre que sucede algo inesperado que nos provoca miedo y no somos capaces de enfocar la mente, es mucho más probable que reaccionemos frente al suceso en lugar de responder impulsados por cualquier pensamiento o emoción que aparezca primero en nuestra mente en ese momento. Cuanto mayor sea el miedo, más desmesurada será la reacción. Sin embargo, si cultivamos la práctica de acechar a la mente, es mucho más probable que logremos responder en lugar de reaccionar ante aquello que nos provoca temor.

Las reacciones causadas por el miedo casi siempre nos hacen decir o hacer cosas de las que más adelante nos arrepentimos.

Aunque intentemos convencernos de que nuestras reacciones fueron deliberadas y calculadas, ya que no podríamos haber respondido de ninguna otra manera, lo cierto es que ese seguramente no sea el caso. Con la ayuda de la concentración, podemos obtener acceso a un abanico más amplio de posibles respuestas, en lugar de permitir que la voz más fuerte e intensa del mitote determine nuestras acciones en cada ocasión.

Siempre que surja un pensamiento intimidante, si nuestra mente no posee el hábito de mantenerse enfocada, es más probable que se vea invadida por escenarios catastróficos. Esto puede suceder en nuestro Sueño Personal, como cuando mi amigo comenzó a imaginar que su madre estaba gravemente herida. Si no somos cautelosos, esta tendencia no solo hará que el miedo se extienda en nuestro interior, sino que también puede plantar semillas en quienes nos rodean. Sin embargo, si hablamos con cuidado y precisión y nos atenemos a los hechos, reducimos la posibilidad de propagar un miedo innecesario en los demás o de seguir alimentando el nuestro.

Miedo y cotilleo

Hoy en día resulta evidente que, en el Sueño del Planeta, muchos humanos *disfrutan* de sentir miedo, de una manera u otra. Si bien no hay nada inherentemente malo en ir a ver una película de terror o estar al tanto del último drama de la televisión, otras actividades de las que participamos pueden ser mucho menos benignas. Por ejemplo, vivimos en una cultura en la que casi todos los titulares de noticias están diseñados para captar tanta atención y generar tanta ansiedad como sea posible. Para muchas personas, el cotilleo que infunde miedo ni siquiera es considerado un mal hábito, sino un motivo de conversación normal de la vida cotidiana.

Si no reconocemos estas tendencias en el Sueño del Planeta actual, en general se debe a que estamos participando activamente de ellas. Pasamos nuestro tiempo sumidos en los cotilleos y en la especulación, y hasta competimos entre nosotros para imaginar el peor escenario posible para cualquier suceso dado. Permitimos que el miedo tome el control en lugar del amor incondicional. A lo largo de la historia, este hábito ha potenciado las peores tendencias humanas e, incluso, ha desatado guerras. Basta con pensar en cómo tantas naciones acumularon armas nucleares con la excusa de que es una defensa necesaria para combatir a *otras* naciones igualmente armadas; un círculo vicioso que solo genera más miedo. En un nivel más básico, si pasas todo el día escuchando a personas que creen que cada suceso inexplicable tiene un origen malévolo detrás, en algún momento también comenzarás a creerlo.

Cuando las personas hablan de superar miedos, en raras ocasiones mencionan el compromiso a abstenerse de la especulación y el cotilleo. Sin embargo, atenerse a los hechos es una herramienta extremadamente subestimada para aliviar el control que ejerce el miedo sobre la mente. Si mi amigo hubiera permitido que su imaginación se desbocara y generara los peores escenarios posibles acerca de las heridas de su madre, se hubiera sentido demasiado ansioso y angustiado como para conducir al hospital. Al atenerse solo a los hechos básicos (su madre se había tropezado y caído, y la gravedad de sus heridas era indeterminada), evitó tener un ataque de pánico y convertir una situación difícil en algo mucho peor.

La especulación arranca a nuestra mente del momento presente y la conduce a realidades alternativas que pueden ser tan convincentes que a menudo olvidamos que no son reales. Al negarnos a dividir nuestras mentes entre el presente y estas realidades imaginarias, podemos evitar el miedo y el drama innecesarios y tomar decisiones acertadas cuando sea necesario en lugar de perder la cabeza.

Aminorar la marcha

Nuestra sociedad, tan conectada tecnológicamente, es la más acelerada que ha existido en la historia del mundo. Se nos insta a maximizar la eficiencia, a ocuparnos de lo próximo y condensar en un día la mayor cantidad de tareas para sentir que hemos hecho «lo suficiente». No obstante, al igual que un hámster corriendo en una rueda, pocos de nosotros nos preguntamos si toda esa prisa realmente nos está conduciendo a algún lado.

En general, esta urgencia responde a una fuerza sutil que se mueve tras bambalinas. Sí, lo has adivinado: el miedo. Implícito en el acto de apresurarse se encuentra el miedo a «no llegar a hacerlo todo»; una creencia que algunos de nosotros ni siquiera nos atrevemos a cuestionar. Esa prisa en la mente también afecta a nuestro cuerpo y genera reacciones físicas similares a la respuesta de lucha o huida, que provoca un subidón de adrenalina y un aumento en la frecuencia cardiaca. Al intentar cumplir con varias tareas a la vez para lograr tanto como sea posible, no solo exigimos a nuestros cuerpos, sino también a nuestras mentes.

El mismo amigo que mencioné al comienzo del capítulo, que es experto en meditación, me contó que una tarde en la que estaba apresurado por terminar unas tareas en su oficina, un colega le preguntó: «¿Cuál es la prisa?», a lo que él respondió: «Estoy intentando terminar con esto para poder asistir a la meditación en el centro Zen». Luego, con algo de vergüenza, se dio cuenta de que «se estaba apresurando para meditar más tarde». Entonces escuchó lo que su mitote le estaba diciendo: «Ya ves, pasaron años y no has hecho ningún progreso en tu camino espiritual. ¡Mírate, todavía apresurándote para ir a meditar!». Por fortuna, mi amigo reconoció de inmediato que su mitote estaba intentando hacer que se sintiera peor. En lugar de morder el anzuelo y castigarse, sonrió con amabilidad y recordó que el mejor momento para meditar es siempre el presente. Bajó el ritmo en el trabajo, terminó sus tareas con calma y se centró en estar presente en el proceso.

Al miedo siempre lo acompaña la urgencia. Sentimos que necesitamos hacer algo antes de que las cosas empeoren, o antes de perder una oportunidad importante. La combinación del miedo y la urgencia nos conduce a tomar decisiones precipitadas, sin considerar posibles alternativas o evaluaciones a largo plazo. Realizamos acciones para aliviar la ansiedad, solo para arrepentirnos más tarde de nuestra prisa. En el Sueño del Planeta actual, las empresas se aprovechan de esta tendencia para impulsarnos a «actuar ahora», antes de perder para siempre la oportunidad de comprar o de suscribirnos a algún servicio. En vistas de tal presión intensa, se requiere de coraje para ir más lento, para vivir en el momento presente y aminorar la marcha.

Una prisa excesiva también puede hacer que tomemos decisiones apresuradas en lugar de pensar en nuestras opciones con cautela y evaluar cada hecho por separado. Creemos en los alarmantes titulares de noticias sin evaluar la validez de lo que informan; no encontramos nuestro móvil o llaves después de cinco segundos de búsqueda y, sin pensar, declaramos que los perdimos para siempre. Al recuperar nuestro poder de concentración, podemos eliminar todo ese estrés innecesario, llevar nuestros cuerpos y sistemas nerviosos a un estado de regulación y recuperar nuestros «síes» y nuestros «noes» a la hora de afrontar exigencias urgentes.

EJERCICIO:
Practica la concentración plena

Piensa en una simple tarea cotidiana que normalmente realices en un estado de completa o casi absoluta distracción, como desayunar o regar las plantas. Durante la semana próxima, comprométete a realizar esa tarea en un estado de atención plena. En lugar de escuchar un *podcast*, mirar la televisión o dejar que tu mente divague, enfócate en lo que ves, escuchas, hueles y saboreas e identifica qué otras sensaciones descubres asociadas a esa tarea.

Una vez que hayas hecho algo de práctica con una tarea benigna, piensa en otra que te genere ansiedad, como hacer una presentación o realizar una llamada difícil. En las horas previas a esa temida tarea, advierte si puedes seguir prestando atención plena a lo que estás haciendo, aunque tu mente te impulse a sobrepensar, especular o ensayar. ¿Cómo se siente traer tu atención al momento presente en lugar de ceder ante la ansiedad que lleva aparejada la distracción?

Finalmente, intenta conservar ese nivel de atención mientras cumples con esa tarea ansiógena. ¿Puedes mantenerte en el momento presente mientras realizas eso que temes?

EJERCICIO:
Recupera tu atención

El mundo moderno está repleto de numerosas exigencias que compiten por nuestra atención, y el peor culpable es el móvil, que muchos mantenemos pegado a nosotros en todo momento. Así como necesitamos definir nuestros «síes» y nuestros «noes» en otras áreas de la vida, resulta importante tomar decisiones conscientes sobre los acuerdos que establecemos con el móvil.

Para este ejercicio, comprométete a pasar un día completo sin tu móvil, desde el momento en el que te despiertas hasta la misma hora de la mañana siguiente. (Puede que necesites avisar a tus amigos y familiares de que estarás sin móvil por un día, para que nadie se preocupe cuando no tengan noticias tuyas). Observa todas las excusas que tu mente inventa para evitar ese compromiso. ¿Cuántas de ellas se fundan en el miedo? Por ejemplo, ¿acaso tu mente te dice que debes tener el móvil por una cuestión de seguridad, para evitar perderte o para asegurarte de que tus seres queridos puedan contactarte? ¿Temes quedar al margen de experiencias interesantes y eventos sociales, y que eso te haga arrepentirte o perder estatus? ¿Temes el aburrimiento que sentirás si no puedes acceder a una distracción instantánea? ¿Tienes un sentimiento de vacío si no puedes estar completando tareas importantes todo el tiempo?

Al día siguiente, permítete volver a utilizar el móvil. Presta atención a los pensamientos y sensaciones que hacen que lo utilices a lo largo del día. ¿Puedes hacer una pausa y tomar la decisión consciente sobre cómo deseas responder a esas señales? ¿Cómo sería *escoger* cuándo y cómo utilizar el móvil, en lugar de responder de manera automática?

Si continúas teniendo problemas para alejarte del móvil, considera instalar una de esas aplicaciones que te ayudan a limitar el tiempo de pantalla al bloquear determinadas funcionalidades, como las redes sociales o el correo electrónico.

EJERCICIO:
Mantente al margen del cotilleo

La mayoría de nosotros participa de manera habitual en alguna forma de cotilleo, ya sea especulando sobre la relación de otra persona o intercambiando comentarios sobre noticias políticas. En este ejercicio, te invito a que identifiques qué sucede en tu mente y cómo te sientes cuando te enfocas en lo que sabes que es verdad.

Primero, establece el compromiso firme de abstenerte del cotilleo por una semana y diseña un plan de respuestas para cuando los demás te inviten a cotillear con ellos. Por ejemplo, podrías decir: «No sé mucho sobre eso» o «Preferiría no especular».

La próxima vez que alguien te invite a cotillear, fíjate en qué sucede en tu mente y cuerpo. ¿Experimentas un deseo súbito, como si se tratara de una dosis de dopamina? ¿Sientes decepción al perderte una interacción social jugosa? ¿Qué sucede con esos sentimientos cuando los observas durante algunos segundos? ¿Cómo se siente escuchar a otras personas cotilleando mientras tú te mantienes al margen?

A lo largo de la semana, detecta cómo cambian esos sentimientos. ¿Todavía sientes el deseo de cotillear al séptimo día? ¿O esa idea se ha vuelto menos atractiva para ti?

CAPÍTULO 9

Reconocer traumas del pasado

En general, los traumas del pasado son la fuente de nuestros miedos presentes, lo cual explica por qué cualquier antídoto contra el veneno del miedo estaría incompleto sin un análisis exhaustivo de los efectos de los traumas pasados en nuestro mundo mental y emocional. Si el trauma que experimentamos fue profundo, los miedos asociados suelen ser muy intensos, y en esos casos conviene buscar apoyo terapéutico. En otros casos, los efectos del trauma pueden ser sutiles, en especial si no lo reconocemos como tal o si desestimamos los efectos que ejerce sobre nosotros.

Por ejemplo, un amigo mío creció en un hogar inestable. Sus padres se casaron muy jóvenes y ambos provenían de familias donde el consumo de alcohol y las disputas domésticas eran parte de sus vidas. Ellos perpetuaron ese ciclo en las primeras etapas de su matrimonio, y tenían muchas peleas verbales y físicas cuando mi amigo era niño. A los cinco años, el matrimonio comenzó a asistir a terapia. Ambos dejaron de beber y encaminaron sus vidas en la dirección correcta. Se da la circunstancia de que mi amigo casi no tiene recuerdos de esos primeros años y simplemente recuerda la infancia maravillosa que vivió a partir de los cinco años.

Más adelante, cuando tuvo su primera relación seria en la universidad, descubrió que tenía dificultades con el conflicto y que le costaba expresar sus sentimientos. Cuando discutía con su pareja sobre un tema importante, se cerraba emocionalmente y terminaba cediendo solo para evitar el conflicto. Este se convertiría en un patrón recurrente en sus relaciones serias durante los años siguientes. En lugar de expresar sus verdaderos deseos, se rendía y «mantenía la paz» a cualquier precio.

Fue en la treintena, después de haberse casado, cuando al ver que seguía repitiendo los mismos patrones, se cansó de ceder en las cosas que eran importantes para él. Deseaba encontrar la manera de expresar lo que sentía a su esposa, aunque eso significara que ella no estuviera de acuerdo o se molestara (al menos en su imaginación). Entonces, decidió acudir a un terapeuta, quien le hizo preguntas sobre su infancia. Mi amigo le contó brevemente sobre los problemas de sus padres al comienzo de su matrimonio, y también explicó que él no recordaba nada, ya que todo se había resuelto antes de que él cumpliera cinco años, por lo que, en general, había tenido una infancia feliz.

El terapeuta le explicó que, aunque no recordara las peleas que sus padres habían tenido cuando él era niño, estas de igual manera habían dejado una marca en él. Probablemente había aprendido que el conflicto generaba temor, y que, en general, daba lugar a caos, lágrimas, gritos y sentimientos heridos. Como resultado, había aprendido a evitar el conflicto por completo, aun cuando eso significara ceder en cosas que eran importantes para él. Solo en cuanto comenzó a conectar con el miedo que había sentido de niño pudo comenzar a sanar su relación con el conflicto.

Aunque muchos de nosotros estamos familiarizados con el concepto de «trauma infantil», también podemos desarrollar traumas a partir de las exigencias «normales» de la vida adulta. Cuidar a un padre enfermo o que está a punto de morir es una experiencia traumática, así como también trabajar en un lugar que te somete a un estrés extremo o intentar apoyar a una pareja que sufre de depresión o de cualquier otra enfermedad mental. En mi caso, desarrollé traumas por cuidar a mi hijo autista, cuyas crisis solían requerir intervenciones que me resultaban física y emocionalmente agotadoras.

Un día, mi esposa y yo nos reunimos con algunos amigos en Liberty Station, un antiguo centro de entrenamiento naval en San Diego que se había transformado en un espacio público repleto de galerías de arte, restaurantes, tiendas y salones de yoga. Mientras paseábamos por el lugar, les contamos a nuestros amigos que en algunas ocasiones habíamos llevado a nuestros hijos allí. A nuestra hija le encanta ese paseo, pero a mi hijo,

Alejandro, puede resultarle demasiado estimulante. Los sonidos, las personas y las luces son demasiado para su sistema nervioso, por lo que termina sobrepasado y entra en modo de lucha o huida. Cuando eso sucede, debemos retirarnos rápidamente para ayudarlo a calmarse; una experiencia que puede ser estresante para toda la familia.

Justo estábamos explicándole esta situación a nuestros amigos cuando escuchamos un gruñido cerca. Mi esposa y yo nos miramos, ya que ese sonido era muy similar al que emite Alejandro si se siente sobreestimulado; un sonido de dolor mezclado con frustración. Más adelante vimos que había un joven en el suelo, y dos adultos estaban arrodillados a su lado. Al igual que nuestro hijo, parecía estar sufriendo de una crisis causada por el nivel de ruido y la cantidad de gente, y sus acompañantes estaban haciendo lo que podían para calmarlo.

Nuestro hijo se había vuelto muy fornido y fuerte físicamente en la última etapa de la adolescencia. Por ello, en los momentos en que está sobreestimulado, llega a ser agresivo hasta el punto de autolesionarse. Si intento evitar que se lesione, acaba redirigiendo esa agresión hacia mí y se altera más, lo que suele terminar en una lucha terrible. Durante algunos de esos episodios, he resultado herido y, como padre, es angustiante sentir que empeoro el dolor de mi hijo a pesar de solo querer protegerlo. Como consecuencia de esto desarrollé una respuesta traumática frente a las crisis de mi hijo, de manera que hace años que, si escucho ese gruñido característico, mi cuerpo entra en alerta, en modo de lucha o huida.

Por eso al pasar por la zona de restaurantes de Liberty Station, mi cuerpo y mente comenzaron a reaccionar como si el chico del suelo fuera Alejandro, y yo tuviera la responsabilidad de ayudarle. A pesar de que era un desconocido, mi cuerpo no se daba cuenta de ello. Sin pensarlo, le entregué a mi esposa las bolsas que llevaba.

—Miguel, ¿qué haces? —me preguntó.

—Quizás me necesiten —respondí.

—Miguel, no tienes que hacerlo —dijo.

Pero yo ya estaba corriendo hacia el chico y sus acompañantes.

Me presenté y dije:

—Mi hijo tiene autismo. Tengo experiencia con esto. Si necesitan algo, puedo ayudar.

Los dos adultos resultaron ser sus terapeutas y, si bien agradecieron mi consideración, me aseguraron que tenían todo bajo control. Sin embargo, mientras regresaba hacia mi esposa y nuestros amigos, mi cuerpo aún estaba en alerta e hipervigilante, listo para saltar a la acción. Podía sentirlo en los brazos, en las piernas. Tenía el abrumador recuerdo físico de lo que era contener a un adolescente autista durante una crisis. Durante ese rato, la máquina de historias comenzó a funcionar en mi cabeza: «Necesito ayudar a mi hijo». Y mientras tenía esos pensamientos, me decía: «Miguel, ese no es tu hijo». La parte protectora de mí se había activado, y necesité hacer un gran esfuerzo para regresar a nuestro grupo en lugar de quedarme allí cerca.

Nos sentamos en una mesa y yo no dejaba de observar al chico y a sus terapeutas con el rabillo del ojo. Uno de ellos le humedeció la frente al chico con un trapo mojado, y el chico se calmó lo suficiente para permitir que el otro terapeuta le colocara unos auriculares con cancelación de sonido. En cuestión de unos minutos, el chico volvió a reír y sonreír. Se levantó como si nada hubiera sucedido y los tres siguieron su camino. Mi esposa y yo nos miramos, y ambos comenzamos a llorar porque habíamos pasado por una montaña rusa de emociones desde el momento en el que habíamos escuchado el gruñido en la distancia.

Me di cuenta de cuánto trabajo debía hacer todavía para recuperarme de mi trauma. No podía simplemente decir: «No necesito terapia, ¡soy don Miguel Ruiz Jr.!». No podía dejar que mi orgullo o mi estatus como autor y nagual se interpusieran en mi camino de sanación. La realidad es que tengo TEPT (Trastorno por Estrés Postraumático) y agotamiento del cuidador, y necesito apoyo; no tengo miedo de admitirlo. Además de recurrir a mi espiritualidad tolteca, también tengo un terapeuta al que acudo cuando lo necesito. Y ese episodio dejó claro que necesitaba ayuda más que nunca.

Me alegra decir que mi hijo mejoró mucho después de asistir a un programa de atención residencial para jóvenes adultos con autismo. Al igual que tantas personas que han trabajado para procesar y sanar sus traumas, él ha regresado a casa como una persona diferente. El trabajo de sanación que hizo en el programa le brindó más oportunidades para disfrutar y conectar con la hermosa obra de arte que es la vida. Puedo verlo en cómo sonríe y, además, ahora suele cantar más que antes.

Yo también mejoré mucho con el trabajo terapéutico que hice cuando él estuvo en el programa. Gracias a que me esforcé por sanar, soy capaz de ver y apreciar a mi hijo por lo que él es, en lugar de experimentar nuestra relación a través del lente de las antiguas heridas y de la repetición de un círculo vicioso.

Si sientes que la terapia te beneficiará, pero tienes dudas de si intentarlo, te aliento a que consideres buscar un terapeuta que sea adecuado para ti. Puedes pedir recomendaciones a amigos o buscar centros en tu área que parezcan una buena opción. No hay vergüenza en aceptar ayuda, y personalmente desearía haberla buscado antes. Habiendo dicho eso, hay mucho que tú puedes hacer por cuenta propia, y en las secciones siguientes trataremos algunas formas básicas para afrontar el trauma.

Permiso para sanar

Sanar el pasado es clave para liberarse del miedo en el presente, y solo podemos sanar el trauma cuando nos otorgamos el permiso para hacerlo. Sin embargo, brindarnos ese permiso suele ser más difícil de lo que creemos.

En ocasiones, ese consentimiento implica hacer a un lado nuestro orgullo, cuestionar la imagen que tenemos de nosotros mismos y sortear muchos otros obstáculos que puedan estar interponiéndose en el camino. Estos obstáculos toman la forma de «debería» o «no debería»; similar a lo que mencionamos con anterioridad. «Eso sucedió hace varios años; ya debería haberlo superado» o «Lo que me sucedió no fue tan malo; por lo que otros tuvieron que pasar fue mucho peor, y yo debería haberlo superado ya».

Esta clase de pensamientos son especialmente comunes entre adultos cuando piensan en algún trauma que sufrieron de niños o durante su adolescencia. Nos decimos que «deberíamos» haber sanado, o que ni siquiera «deberíamos» necesitar sanar en absoluto. Estos «debería» y «no debería» forman una barrera alrededor de nuestras heridas que evitan que nadie ni nada pueda acercarse a ellas.

Para otorgarte el permiso para sanar, primero debes reconocer que el miedo y el trauma existen. Para muchos de nosotros, esto es increíblemente difícil. No queremos vernos heridos o rotos, por lo que dejamos el pasado a un lado y nos esforzamos por minimizar los síntomas traumáticos que van surgiendo. De esta manera, vivimos en un estado de negación intelectual, aun cuando nuestros cuerpos y emociones insisten en contar la verdad.

Durante mucho tiempo me resultó difícil reconocer que las crisis de mi hijo me resultaban traumáticas, ya que temía que eso implicara que yo no estaba haciendo mi trabajo como padre o que no lo amaba. Sin embargo, mi cuerpo nunca me permitió olvidar que el trauma se encontraba allí, porque lo manifestaba con tensión en los músculos y palpitaciones.

Nuestros cuerpos recuerdan, incluso cuando nuestras mentes olvidan. Una amiga mía nació con el cordón umbilical enrollado alrededor del cuello, lo que casi le provoca la muerte durante el parto. Naturalmente, ella no se acuerda de ese trauma de manera consciente, pero durante toda su vida jamás pudo tolerar tener algo remotamente enrollado alrededor del cuello, incluidos collares o camisetas de cuello alto. Cuando su suegra le regaló una elegante gargantilla, ella se la colocó por respeto, pero de inmediato corrió al baño y vomitó debido al pánico. A pesar de que no podía recordarlo, el trauma de casi haber muerto estrangulada aún estaba presente en su cuerpo. Para mí, esta historia ejemplifica de manera poderosa el hecho de que somos mucho más que mentes conscientes. Nuestros cuerpos también alojan recuerdos y pueden enseñarnos en qué áreas necesitamos sanar si los escuchamos.

En muchos casos, sanar traumas pasados significa pasar por un proceso de perdón; ya sea perdonar a otra persona, a ti mismo o a la vida en sí misma, o lo que algunos llamarían «perdonar a Dios». El primer paso para perdonar suele implicar aceptar el pasado exactamente como fue y reconocer lo que sucedió y cómo nos afectó, sin importar cuán doloroso sea. Aunque queramos creer que salimos intactos de los sucesos que vivimos, eso rara vez ocurre, y el simple hecho de reconocerlo es el primer paso para sanar.

Miedo y respeto

Sanar el trauma pasado puede implicar hacer una transición entre temerle a algo y respetarlo. Mi querida amiga HeatherAsh Amara, autora y nagual que se formó con mi padre y mi abuela, comparte una hermosa historia sobre esto en su libro *El camino de la diosa guerrera.*

Mientras HeatherAsh vivía en California del Norte, se topó con un roble venenoso que le ocasionó picazón y malestar durante más de una semana. De manera casi instantánea, el paisaje mágico que ella adoraba se transformó en un lugar peligroso, repleto de plantas amenazantes que la acechaban bajo cada árbol. No solo eso, sino que sus amigos y conocidos le advirtieron de que si volvía a tener contacto con ese veneno sería mucho peor, por lo que debía evitar el roble venenoso a toda costa.

HeatherAsh pronto se dio cuenta de que su disfrute de la tierra donde vivía había sido contaminado totalmente por el temor. Se había vuelto hipervigilante, recorría el paisaje en busca de amenazas, en lugar de disfrutar de su belleza, y hasta dejó de acariciar a sus amados perros por si llevaban esa temida sustancia en el pelaje.

Un día, decidió que ya era suficiente. Encontró un matorral de roble venenoso y se sentó frente a él. Contempló sus hermosas hojas y preguntó: «¿Cómo puedo liberarme del miedo que me causas?». La respuesta que recibió fue una palabra: «Respeto».

El miedo y el respeto tienen mucho en común. Cuando respetas algo, te mantienes a una distancia saludable de ello. Por ejemplo, los surfistas profesionales saben que respetar el océano significa no surfear cuando las olas son demasiado grandes. Eso es diferente a *temerle* al océano. El respeto significa desarrollar el conocimiento y la sabiduría para poder tomar decisiones sabias, en oposición a las reacciones aceleradas que tomamos por miedo.

El respeto también implica autoconocimiento. Significa hacerte preguntas como «¿Cuánto puedo tolerar?» y ser honesto al responderlas. Un surfista experimentado puede salir a surfear en condiciones que no serían apropiadas para un principiante y a la vez mantener su respeto por el océano. Para HeatherAsh, cuidarse del roble venenoso implicó tomar medidas sencillas, como llevar pantalones largos al aire libre y al mismo tiempo confiar en su propio instinto natural para no toparse con un matorral de forma inesperada. Por lo tanto, podía respetar al roble venenoso en lugar de temerle.

En mi propia vida descubrí que necesito respetar el trauma que me causan las crisis de mi hijo. No puedo simplemente fingir que los síntomas de TEPT no existen o no están sucediendo; no puedo simplemente decir «Lo superaré» y correr a ciegas hacia olas de tres metros que me arrojarán contra la arena. No vivo temiendo a mi TEPT, pero lo respeto al conocer mis límites, al tomar medidas para protegerme y al ser honesto con lo que estoy lidiando. El miedo cierra posibilidades, en tanto que el respeto nos ayuda a descubrir soluciones creativas y, cuando haces la transición del miedo al respeto, todo cambia.

Sanar a través de la exposición

Muchas personas saben que antes de convertirme en maestro tolteca, mi padre tuvo un accidente de coche que casi le provocó la muerte. Lo que no saben es que, minutos después de recibir el alta en el hospital, mi tío y abuela le entregaron las llaves del coche y le informaron de que *él* los llevaría a su casa desde Cuernavaca a Ciudad de México; una distancia de aproximadamente cien kilómetros. Ellos sabían que, si mi padre volvía a conducir un coche de inmediato, existían menos probabilidades de que el miedo y la evitación se apoderaran de él.

Cuando él inició su camino en la paternidad, solía utilizar la misma filosofía conmigo y mis hermanos. Si alguno de nosotros le contaba a mi padre o a mi abuela que tenía miedo a algo —ya fuera a las arañas, a las alturas o a hablar en público—, ellos encontraban la manera de que nos enfrentáramos a esos miedos de inmediato. Naturalmente, ¡pronto aprendimos a callar si le temíamos a algo! Pero lo cierto es que esos momentos en los que mi padre alentó a alguno de nosotros a hablar delante de una audiencia o a entrar en una cueva oscura siempre dieron lugar a una experiencia positiva. Lejos de causarnos un trauma, aprendimos una y otra vez que éramos más fuertes que nuestros miedos.

Por supuesto, si la situación se volvía demasiado intensa, sabíamos que teníamos la opción de decir que no. Mi padre y abuela nunca nos humillaban o avergonzaban cuando teníamos miedo. Por el contrario, creaban situaciones para brindarnos la oportunidad de crecer, y comprendían que eso no siempre sucedía en el primer intento. Cuando el miedo se apoderaba de nosotros, ellos nos alentaban a hacer una pausa y permitir que la emoción fluyera como una ola. Una vez que la ola llega a su punto más elevado y logras respirar, puedes levantar la mirada y preguntarte: «¿Qué deseo hacer?». Puedes tomar una decisión consciente en lugar de dejar que el instinto del miedo decida en tu lugar.

Algunos años atrás, estaba intentando evitar que mi hijo se lastimara a sí mismo cuando me caí y me golpeé la cabeza. Como parte de mi recuperación, el médico me recomendó la musicoterapia. Resulta que hacer dos cosas a la vez, como cantar y tocar la guitarra, estimula a diferentes partes del cerebro a actuar en conjunto, y eso es exactamente lo que necesitaba para sanar. Yo ya tocaba un poco la guitarra, de modo que comencé a tomar clases de canto con mi prima Dina.

Después de trabajar juntos durante un tiempo, uno de los ejercicios que me asignó como tarea era cantar con un grupo de mariachis. «Dina, no me obligues a hacerlo —le supliqué—. Ellos son músicos profesionales». Pensé en lo tortuoso que sería para los mariachis escucharme cantar a la tirolesa como una gata en celo. Pero Dina insistió. «Esta es la única manera de que alcances el siguiente nivel —dijo—. Lo comprobé miles de veces».

Al final de nuestro siguiente viaje de poder en Teotihuacán, mi amigo Alberto hizo que algunos mariachis se acercaran a tocar. Yo había estado practicando una canción de José Alfredo Jiménez llamada *Ella*, que ahora tendría que cantar. Los mariachis comenzaron a tocar frente a mis hermanos y primos. Para mi sorpresa, sentí una oleada de entusiasmo. La situación me recordó a cuando cantaba con el coro en la secundaria.

Unos instantes más tarde, el corazón me dio un vuelco. Me di cuenta de que los mariachis estaban tocando en un tono diferente del que yo había estado practicando. Durante unos segundos, mi entusiasmo se transformó en terror mientras buscaba entre todos los instrumentos diferentes alguna señal que pudiera reconocer y seguir. Mi voz tembló. «¡Ay, no! —pensé—. No tengo ni idea de dónde estoy».

Por suerte, el mariachi que tocaba la guitarra se cruzó con mi mirada. Me aferré a una progresión de acordes conocida y en cuestión de segundos volví a encontrar mi lugar. Más tarde, mi prima se mostró exultante. «Miguel —me dijo—, no te preocupes por los errores. Siempre podemos trabajar en ellos más tarde. Lo importante es que alcanzaste el siguiente nivel. ¡Muchos estudiantes sienten tanto miedo que ni siquiera lo intentan!».

Algunos meses más tarde, me encontraba en el aeropuerto de San Diego cuando me topé con un gran piano que habían colocado allí para que los viajeros pudieran tocar. Sin dudarlo, me quité el bolso, me senté y toqué *Ella*. Al igual que con los mariachis, sentí una oleada de alegría inesperada que asomaba entre mi nerviosismo. Sentí que la alegría me estaba esperando al otro lado del temor, al igual que el sol puede ocultarse detrás de una fina capa de nubes. En ese momento, de verdad reconocí lo que las voces de mi mitote me estaban quitando cuando me decían que yo no era lo «bastante bueno» para tocar y cantar donde otras personas pudieran escucharme, y me di cuenta de que siempre tenía la posibilidad de escoger otra opción.

Nuestro miedo no es el destino final, sino un punto de partida para un crecimiento inimaginable. Aprende a considerar tu temor como la semilla de algo increíble, y así descubrirás el secreto de la vida.

EJERCICIO:
Reevalúa tus miedos

Vivir un suceso traumático puede conducirte a construir generalizaciones sobre personas y situaciones. Es decir, si sufriste el ataque de un perro, podrías concluir que todos los perros son peligrosos y tomar medidas desmesuradas para evitarlos. Podrías desarrollar algunas creencias rígidas y sesgadas, como: «Estaré indefenso si me atacan de nuevo», «Las personas que tienen perros no tienen en cuenta la seguridad de los demás» o «No puedo ser amigo de alguien que tenga perros». En este ejercicio, te invito a reevaluar de manera consciente esa clase de suposiciones.

En primer lugar, piensa en un suceso traumático que continúe afectándote hasta el día de hoy. Ahora, haz una lista de todas las creencias y sesgos que has desarrollado como consecuencia de ese suceso. Otórgate el tiempo para explorar esa situación. Con seguridad descubrirás más elementos para incluir en la lista de los que esperabas.

Ahora, piensa en todos los recursos que tienes a tu disposición en la actualidad que no estaban disponibles en el momento del incidente traumático. ¿Cuentas con más conocimiento y consciencia que antes? ¿Eres más grande y fuerte? ¿Tienes más herramientas o habilidades que antes? ¿Y qué sucede con los recursos sociales, ya sea una pareja, una familia, vecinos y amigos protectores? ¿Han cambiado también las condiciones medioambientales, sociales y políticas?

A continuación, vuelve a evaluar tu listado de creencias. Recorre la lista y actualízalas para que reflejen tu estado actual y tus fortalezas recién descubiertas. Por ejemplo, podrías escribir: «Algunos perros son peligrosos, pero muchos son amistosos, y cuento con las habilidades para distinguir la diferencia».

¿Cómo se siente descubrir que no eres la misma persona que eras en el momento del suceso traumático? No solo eso, sino que nadie más lo es. El mundo ha cambiado desde ese suceso determinante, y tú también lo has hecho.

EJERCICIO:
Quítale el peso a un recuerdo

De adulto, es probable que hayas experimentado algún trauma o duelo, así como las etapas subsiguientes que se desarrollan tras un suceso como ese. Mientras está reciente probablemente no puedas hablar de ello sin quebrarte, pero pasado un poco más de tiempo, podrías sentirte invadido por las emociones de manera intermitente cuando el suceso aparezca en tu mente. Años después, quizás seas capaz de hablar sobre ello con distancia, porque has tenido la posibilidad de sintetizar muchos pensamientos y emociones a lo largo de los años, y has llegado a algunas conclusiones e, incluso, a cierto nivel de sanación. Aunque nunca hables abiertamente de tu trauma, descubrirás que lo has dejado atrás cuando puedas hablar de ello sin sentir malestar o angustia; en otras palabras, cuando le quitas peso. En este ejercicio, te ofrezco una herramienta para poder hacerlo.

En primer lugar, piensa en un recuerdo positivo, un momento en el que te sentiste feliz, seguro y amado. Piensa en esos sentimientos positivos con todo lujo de detalles hasta que tu cuerpo se sienta cálido y relajado, y tu mente, despejada y en paz.

Una vez que has establecido este estado positivo y luminoso, piensa en un recuerdo traumático. Por ahora, comienza con un trauma menor. Imagina que tu recuerdo traumático es una pelota, quizás del tamaño de una de tenis, que sujetas con las manos. Este recuerdo, por más negativo que sea, no tiene la fuerza suficiente para eliminar los sentimientos de felicidad, seguridad y amor que sientes en tu cuerpo en este momento. Sujeta la pelota durante algunos minutos mientras te mantienes conectado con las emociones positivas de tu cuerpo y mente. Cuando estés listo, guarda la pelota y recuerda que siempre puedes volver a recurrir a ella.

Repitiendo esta práctica con regularidad, tu cerebro aprende que puedes volver a recordar ese suceso traumático desde un lugar de total seguridad. Con el tiempo, el peso atemorizante que está asociado a ese recuerdo se irá desvaneciendo a medida que aprendes a conectar con la sensación de estar a salvo.

EJERCICIO:
Atrévete a ir más allá del miedo

Muchos de nosotros retrocedemos ante el primer signo de miedo, como si su presencia fuera una señal definitiva de que algo terrible está por suceder. Sin embargo, también aparece una punzada de temor cuando algo *maravilloso* está por suceder. Por ejemplo, el miedo que sentimos cuando nos invitan a cantar, bailar o comunicar nuestra verdad no es una señal de que nos encontramos en peligro físico, sino de que nos estamos preparando para salir de nuestra zona de confort. En este ejercicio, te invito a descubrir esta verdad por ti mismo.

En primer lugar, piensa en una actividad que te encantaba hacer de niño, como cantar, bailar, dibujar o actuar, pero que has dejado de hacer en público porque consideras no eres «lo bastante bueno» o porque sientes esa punzada de temor a que los demás se rían de ti. En algún momento de la semana siguiente, comprométete a hacer esa misma actividad en público. Puede ser cantar una canción en una fiesta de cumpleaños de un amigo, bailar en una noche de salsa o llevar tus utensilios de arte a una cafetería.

¿Cómo se siente rebelarse ante las reglas establecidas por tu mitote? ¿Acaso quienes te rodean se sinceran y expresan más alegría cuando ven que te rebelas contra tu miedo? ¿Qué significa que sintamos temor frente a cosas completamente maravillosas y no solo frente a cosas objetivamente atemorizantes?

CAPÍTULO 10

Aprender a soltar

Mi tío Duke nació en 1953 en Vietnam del Sur. Cuando estalló la guerra en su país en la década de 1960, él era tan solo un adolescente. Aun así, se alistó como soldado, al igual que muchos de sus compañeros de escuela. A comienzos de la guerra, le dispararon y quedó gravemente herido, pero luego se curó y el Ejército lo envió de regreso al combate. Pronto fue herido de nuevo y, aunque lo curaron por segunda vez, lo *volvieron* a enviar a combatir. Cuando Vietnam del Sur perdió la guerra civil, mi tío viajó a Estados Unidos como refugiado, primero a Pensilvania y, finalmente, a San Diego, California. Allí conoció a mi tía, se enamoraron y se convirtió en mi tío.

En Vietnam, el tío Duke había aprendido mecánica, de modo que abrió una tienda de recambios de automóviles en El Cajón, California, la cual dirigió durante muchos años. Hasta que un buen día, un cliente entró en el negocio y lo encontró inconsciente en el suelo.

Nadie sabía qué le había sucedido; nos preguntábamos si se habría tropezado o caído, o si alguien lo habría golpeado en la cabeza. Después de que los sanitarios lo llevaran de urgencia al hospital, los médicos nos informaron de que su cerebro había comenzado a hincharse. En definitiva, tenía muerte cerebral. El tío Duke le había dicho a mi tía que no quería estar conectado a un respirador artificial, por lo que, a pesar de su estado de conmoción y angustia, mi tía firmó los papeles que autorizaban a los médicos a desconectarlo de las máquinas. Luego nos pidió a mi madre y a mí que nos sentáramos junto a él mientras fallecía.

En la tradición de mi familia, tenemos una ceremonia llamada la Última Comunión, en la cual honramos a una persona cuya vida humana está llegando a su fin. Para prepararnos para la ceremonia, primero tenemos que dejar fluir nuestras emociones, ya que una vez que comienza, no se trata de nosotros, sino de la persona que está falleciendo. Mi madre, mi tía, mis primos y yo nos quedamos fuera de la habitación del tío Duke durante un momento, nos permitimos sentir la conmoción, la tristeza y el temor en nuestro interior. Lloramos, nos abrazamos y aceptamos la realidad de nuestros sentimientos sin reprimir nada.

Cuando estuvimos listos, entramos en la habitación. Mi tía sujetó una de sus manos, y yo la otra, y mi madre se sentó a sus pies. Mientras el tío Duke dejaba atrás su vida, contamos anécdotas y recuerdos sobre él. Como dije, mi tío era mecánico y veterano de la guerra de Vietnam, y era fuerte como una roca. Pero también le encantaban los bailes de salón, le gustaba bailar el chachachá y el tango y llegó a abrir su propia academia de baile con mi tía. Mientras conversábamos, manteníamos nuestra atención plena en el tío Duke, y lo envolvíamos en la red amorosa de nuestro cuidado. Yo sujetaba su mano y, a pesar de que él estaba inconsciente, podía sentir su presencia. Estaba vivo.

Hasta que, de pronto, percibí que el espíritu del tío Duke había dejado su cuerpo. En un instante, sentí que su presencia había abandonado la habitación. No necesité escuchar el monitor cardiaco, ni siquiera me hizo falta escuchar su último suspiro. Pude sentir en su mano que él ya no se encontraba allí.

En cuestión de segundos, la calidez de su piel había desaparecido y sus dedos se habían vuelto perceptivamente más rígidos. Pasé de sujetar la mano de un ser vivo a hacerlo con un objeto inanimado, como un maniquí con piel. Y esta experiencia me enseñó una de las lecciones más importantes de mi vida, una que mi padre y abuela habían estado intentando enseñarme durante años: yo no soy este cuerpo.

Aunque hacía tiempo que había comprendido ese concepto de manera intelectual, en ese momento experimenté por primera vez su verdad a un nivel más profundo, más allá de la mente. De pronto, se volvió evidente para mí que, si bien el cuerpo de mi tío aún se encontraba allí, él ya no estaba presente. Yo sujetaba su mano, pero en ella ya no había vida. Su cuerpo, que hasta entonces lo había reflejado a él por completo, ahora era una cáscara vacía, un conjunto de tubos y cables que le habían permitido moverse y hablar. Sin su nagual, no era nada.

A pesar de que nuestra tradición tolteca es de origen indígena, también aceptamos las verdades de la ciencia occidental. Mientras reflexionaba sobre la muerte de mi tío, recordé dos enseñanzas de la física. La primera es que la energía nunca puede destruirse, solo transformarse. Y la segunda es que, para que un objeto se mueva, debe existir una fuerza que mueva al objeto. Como dirían mis ancestros toltecas, se necesita al nagual para que el tonal se mueva: *nagual* significa «espíritu» y *tonal* significa «materia física». Mi cuerpo es materia, es *tonal*. Yo soy el nagual que lo mueve. Tú quizás conozcas al nagual como «espíritu», «alma», «luz», «intención» o Dios. Como sea que lo llame tu tradición, esa es la energía que mueve al cuerpo, y cuando la ves partir, se convierte en una maestra poderosa.

Tras atestiguar la muerte de mi tío, descubrí que mi propio miedo a la muerte había disminuido de manera notable. Por supuesto, eso no significa que no tomo precauciones para proteger mi salud ni que tenga prisa por partir, sino que la transición física en sí misma dejó de atemorizarme. Me resultaba claro que la energía del tío Duke simplemente había abandonado su cuerpo, al igual que la electricidad deja de fluir por una lámpara al desenchufarla.

Recuerdo aquella vez que le pregunté a mi padre que a dónde íbamos cuando morimos. En aquella época, él ya había pasado por más de una experiencia cercana a la muerte: el accidente de coche donde se vio a sí mismo saliendo del vehículo y arrastrando a todos sus amigos a un lugar seguro y el terrible paro cardiaco que lo dejó en coma. Yo sabía que su perspectiva sobre la muerte no se limitaría a las teorías convencionales sobre el más allá.

Él me pidió que imaginara que había vivido mi vida entera desde el punto de vista de una gota de agua. De manera que todo lo que puedo ver, oír, saborear y sentir se encuentra confinado en esa gota de agua, y creo que eso constituye toda la realidad. «Ahora —dijo— imagina que, en el momento de tu último suspiro, tu percepción se expande hasta abarcar el océano entero».

No sé a dónde vamos cuando morimos. Pero lo que sí sé es lo siguiente: en este mismo instante, estoy vivo. Y siempre y cuando el nagual esté contenido por mi cuerpo, mis manos pueden escribir estas palabras. En el momento en el que el nagual me abandone, estas mismas manos se convertirán en objetos inanimados, pero eso no significa que el nagual haya cesado de existir, así como el sol tampoco deja de hacerlo cuando se oculta detrás de las nubes.

El miedo a la muerte física es algo que comparten la vasta mayoría de los seres humanos. Desde un punto de vista biológico, todos estamos programados para temerle a la muerte en el sentido físico y para tomar medidas para evitarla. Desde esa perspectiva, el miedo a la muerte es saludable y te permite protegerte, y existe por una buena razón. Sin embargo, el miedo a la muerte también es psicológico, y puede descontrolarse cuando domina nuestras mentes y nos provoca tanto dolor emocional y ansiedad que nos resulta difícil hacer buen uso del tiempo que tenemos de vida. Al afrontar este miedo, no solo ampliamos nuestra consciencia y conocimiento, sino que también profundizamos en nuestra empatía por aquellos que lidian con los mismos temores.

Deja que tus historias mueran

El miedo psicológico a la muerte se vuelve agudo cuando nos apegamos a la historia de nuestras vidas en lugar de recordar que nosotros somos la vida. La historia de tu vida es tan solo eso: una historia. Cuando esta se crea con el amor de un artista y luego se suelta en cualquier momento, se convierte en una obra maestra. Es tu *apego* a esa historia lo que genera el temor a la muerte.

Piensa en quién eras a los cuatro años. Tal vez te agradaban ciertos libros y juguetes; probablemente, tenías amigos diferentes, te importaban otras cosas y tenías historias muy distintas sobre tu vida. En algún momento, ese niño de cuatro años cambió su historia. Y eso es algo positivo; si te aferras a la historia de la identidad de un niño de cuatro años, los demás creerán que estás loco. Lo mismo es cierto para tu identidad a los doce o veinte años y durante las décadas siguientes. Si miras las cosas de esa manera, pronto descubrirás que ya has muerto muchas veces, porque ya has soltado una historia o identidad que alguna vez se sintió como la verdad absoluta de quién eras, y lo has hecho para adoptar una nueva historia o identidad, para evolucionar.

Si te dijera que cuando despiertes mañana tendrás veinte años más, quizás experimentarías una sensación de conmoción, duelo y temor similar a la que muchos sentimos cuando pensamos en la muerte. Es un salto demasiado grande; hay demasiada incertidumbre y no mucho tiempo para resolver todos los cabos sueltos de *esta* vida. Quizás protestes y afirmes que no estás listo. Sin embargo, quienes están leyendo este libro ya son veinte años más viejos de lo que alguna vez fueron, y vivirán veinte años más, con todos los cambios, pérdidas e incertidumbre que eso conlleva. Claramente, somos mucho más grandiosos de lo que creemos, y mantener viva esa idea puede ayudarnos a reducir de manera notable nuestro miedo a la muerte y, de hecho, también nuestro temor a cualquier clase de final, sea real o imaginario.

Una vida nueva para el nagual

En cada momento del día estamos rodeados de finales; momentos en los que el nagual pasa de un estado a otro. El agua se evapora de un charco y deja atrás el suelo seco. El cereal de tu tazón se convierte en energía para tu cuerpo. La mosca que zumbó en tu cocina durante días aparece como un cuerpo inerte en el alféizar de la ventana. La muerte corporal no es rara ni excepcional, sino constante y necesaria.

Cuando una persona muere, solemos decir que su espíritu vive de numerosas formas: a través de sus hijos, amigos y seres queridos, de las cosas que crearon, de las ideas que compartieron y de los lugares donde dejó una huella. Esas no son simples metáforas. A lo largo de nuestras vidas, literalmente ponemos las cosas en marcha: somos la fuerza detrás del objeto, el nagual detrás del tonal. Una vez que ponemos las cosas en marcha, la energía que depositamos allí no desaparece. En cambio, avanza de maneras que no siempre podemos seguir. En ocasiones, solo cuando una persona muere descubrimos cuánto ponía en marcha; con frecuencia, más de lo que ella misma creía.

Por supuesto, ser consciente de esto no necesariamente alivia el dolor de perder a un ser querido, y quizás sea poco consuelo cuando nos enfrentamos a la posibilidad de perder nuestra propia vida más pronto de lo que esperábamos o planeábamos. El problema no está en el duelo —la mayoría de los animales lo sienten—, sino en la preocupación obsesiva que acompaña la idea de la muerte.

En la cultura occidental, la vida y la muerte suelen pensarse como opuestos, como la luz y la oscuridad, el frío y el calor, arriba y abajo. Sin embargo, nuestra tradición tolteca ofrece una perspectiva diferente. Enseñamos que la vida y la muerte no son opuestos, ya que la vida no tiene un contrario. En realidad, los verdaderos opuestos son el nacimiento y la muerte.

Al igual que la gota de agua que cae en el océano, la muerte corporal significa que el nagual que hay en nosotros pierde su sentido de separación. La perspectiva única desaparece, pero la experiencia ahora es universal. La muerte de una forma física permite que el nagual continúe su camino en la danza infinita de la vida. Aunque anhelemos saber exactamente dónde se encuentra nuestro ser querido o en qué nos convertiremos después de la muerte, tengo la creencia de que esas preguntas se vuelven insignificantes desde el momento en el que nuestra gota individual de agua se fusiona con la inmensidad del océano y perdemos toda identificación con las historias que alguna vez nos definieron.

EJERCICIO:
Observa la muerte

Si bien somos expertos en negarla, la muerte se encuentra a nuestro alrededor, todo el tiempo, de una forma u otra. En este ejercicio, te invito a profundizar en tu consciencia sobre esta verdad fundamental para que puedas observar que el nagual no se crea ni se destruye.

Durante veinticuatro horas, toma nota de todos los finales que observes. Esto puede incluir la muerte literal, como la de los insectos o las plantas, o muertes más pequeñas, como la del final del día, de una pieza musical o de una comida.

Al mismo tiempo, observa las pequeñas instancias de muerte de tu propio cuerpo: un pelo o pestaña que cae, las uñas que necesitan un corte, la orina o heces que se llevan consigo los restos de comida y agua que consumes, la energía del día que cede el paso a un deseo intenso de dormir.

¿Cuánto miedo depositas en esas pequeñas muertes cotidianas? ¿Acaso tu temor a la «gran» muerte se transforma cuando prestas atención a todas las muertes pequeñas que encuentras con regularidad?

EJERCICIO:
Deja tu legado

Podemos reducir nuestro temor a la muerte al poner cosas en movimiento durante nuestra vida. En este ejercicio, te invito a reflexionar acerca de las maneras en las que puedes utilizar tu nagual para moldear el tonal durante esta vida.

En primer lugar, pregúntate cómo te gustaría que te recordaran después de morir: ¿como una presencia constante y confiable en la vida de tus seres queridos? ¿Como el creador de una obra de arte hermosa y duradera? ¿Como alguien que protege el medio ambiente? ¿Como el fundador de un movimiento? Piensa en todas las maneras en las que has puesto esa visión en marcha. ¿Qué es lo que ya estás haciendo para alcanzar esa meta?

A continuación, escribe tres cosas que harás el próximo año para profundizar esa visión. ¿Cómo se siente establecer una intención para el tiempo que le queda al nagual en tu cuerpo, en lugar de dejarlo indefinido?

EJERCICIO:
Meditación para soltar

La muerte significa soltar, tanto tu cuerpo físico como las historias que creas sobre quién eres. Tanto si lo has pensado mucho como si no, es probable que ya hayas pasado por alguna versión de este proceso en numerosas ocasiones a lo largo de tu vida. En esta meditación, te invito a reflexionar sobre estos ciclos constantes.

Siéntate en una postura cómoda donde nadie te interrumpa durante diez o quince minutos. Cierra los ojos y respira con normalidad.

En primer lugar, imagínate como un recién nacido. Advierte que el cuerpo que tenías en ese entonces ya se perdió para siempre, nunca lo recuperarás. El mundo que habitaste a esa edad también se perdió para siempre.

Ahora, recuerda cuando tenías tres o cuatro años. Al igual que antes, recuerda que el cuerpo que tenías en ese entonces ya «murió»; nunca volverás a habitar ese cuerpo en particular.

Repite este proceso a lo largo de tantas etapas como quieras. Considera que, a pesar de que nunca enterraste o tuviste un funeral para cada uno de esos cuerpos, los has dejado ir. De otra manera, nunca te habrías convertido en la persona que eres ahora. ¿Cómo se siente reflexionar sobre el hecho de que, en muchas ocasiones, ya has perdido a la persona que creías que eras?

Conclusión

Cuando mi hermano y yo llevamos a nuestros estudiantes a viajes de poder a Teotihuacán, uno de los lugares que visitamos es la plaza del Infierno, una explanada amplia y llana ubicada al pie de la pirámide de Quetzalcóatl, que puede tornarse insoportablemente calurosa y abrasadora al mediodía. En la tradición tolteca, la plaza del Infierno representa la mente agitada: especialmente, los miedos psicológicos que proliferan como resultado de nuestra domesticación y que nuestro mitote repite de manera infinita.

En ocasiones, cuando Jose y yo guiamos a los estudiantes por la plaza del Infierno, terminamos el recorrido con un ritual en el que ellos entregan sus miedos a Quetzalcóatl, la enorme serpiente de piedra que se erige en la base de la pirámide. Con frecuencia, nuestros miedos pueden sentirse demasiado grandes para nosotros, pero no se parecen en nada a un dragón. Siempre me conmueve ver el alivio en el rostro de los estudiantes cuando simbólicamente entregan sus ansiedades más profundas a esa figura imponente y poderosa.

Muchas veces, lo que realmente necesitamos para superar nuestros miedos es convocar algo más grande que nosotros, ya sea Dios, el universo o la enorme estatua de piedra de una serpiente emplumada, y decir: «Aquí tienes, toma esto, no puedo cargarlo solo».

En general, los momentos en los que nos rendimos son aquellos en los que se revelan nuestras fortalezas más profundas. Es casi como si el dragón nos mirara y dijera: «¿Le temías a *esto*? ¿De verdad? Puedo quemarlo, no hay problema». En algunos casos, al contemplar los ojos del dragón, quizás tengas una revelación y te des cuenta de que ¡el dragón eres tú!

Al soltar nuestros miedos psicológicos o quemarlos con el aliento del dragón, redimimos nuestra propia belleza, nuestra inteligencia y nuestros increíbles poderes de creación. Al extraer la flecha envenenada y verla como lo que realmente es, por fin podemos decir: «Perdóname, mente, no sabía lo que estaba haciendo. Te utilicé como instrumento de mi propia esclavitud. Te utilicé para someterme. Ahora te libero del deber de repetir mis miedos una y otra vez y de aferrarte al pasado». Con la flecha envenenada ya extraída de nuestro ser, podemos en cambio decirle a nuestra mente: «Tengo una misión para ti. ¿Quieres ser mi aliada? ¿El instrumento que me permita no solo habitar este mundo, sino contemplar la vida tal como es? ¿La voz del amor incondicional de mi vida? ¿Me ayudas a crecer en la temachia?».

Siente el espacio que ocupas en esta tierra, la sangre de tus venas y el aire de tus pulmones. Un día esa comunión ya no será posible. Un día tu cuerpo morirá. Pero ese día no es hoy. Hoy estás vivo. Hoy estás respirando. Eres potencial infinito porque estás vivo. Y, en este momento, puedes escoger crear la vida que deseas vivir. Una vida arraigada en la libertad personal y el amor incondicional; el antídoto para cualquier flecha envenenada que se cruce en tu camino.

Agradecimientos

Es un gran honor dar las gracias a mis maestros de la tradición tolteca: mi abuela, Madre Sarita; mi padre, don Miguel Ruiz; mi madre, doña Coco; mi tío, el doctor J. L. Ruiz, y mis hermanos, don Jose Ruiz y don Leonardo Ruiz. Gracias por enseñarme que el amor es el equilibrio perfecto entre la generosidad y la gratitud.

Quiero dar las gracias a mi familia: Susan, Alejandro y Audrey. Su amor es mi alegría y me hace muy feliz tenerlos en mi vida. Pase lo que pase, siempre los amaré.

Quiero dar las gracias a mi hermano de tinta, mi editor, ¡Randy, de Hierophant Publishing! Te agradezco una vez más que me hayas brindado la oportunidad de compartir la tradición de mi familia con los demás, y por trabajar conmigo en la creación de este libro mientras recorría mi camino de sanación. Sé que este libro ayudará a quien lo lea. ¡Gracias!

Doy las gracias al equipo editorial de Hierophant: Hilary, Susie y Grace. Gracias por ordenar mis pensamientos de tal manera que todos puedan comprenderlos. El libro es maravilloso; gracias por hacerlo posible.

Doy las gracias a todos los que me ayudaron en mi camino de sanación: Rick Ivone Jr., Mary Tuton, D.

Emina, C. Ruiz, A. Ruiz, J. Pelayo-García, M. Macías, K. Loharun, K. Delgadillo y B. Drain. Gracias a todos por ayudarme a sanar. Os estaré siempre agradecido.

Finalmente, quiero dar las gracias al Equipo Ruiz: Karla Ruiz, Aaron Landman y Natalie Gil Eklof. Su arduo trabajo y dedicación nos han permitido alcanzar cosas increíbles. Gracias por todo lo que hacéis.